성공하는 모금 제안의 기술

고수들의 제안서 작성 비법

나남
nanam

아름다운재단 기부문화총서 13

성공하는 모금 제안의 기술
고수들의 제안서 작성 비법

2018년 12월 5일 발행
2023년 2월 20일 3쇄

지은이 김재춘
발행인 趙相浩
발행처 (주) 나남
주소   10881 경기도 파주시 회동길 193
전화   (031) 955- 4601 (代)
FAX   (031) 955-4555
등록   제 1-71호 (1979. 5. 12)
홈페이지 http://www.nanam.net
전자우편 post@nanam.net

ISBN 978-89-300-8982-1
ISBN 978-89-300-8655-4 (세트)

아름다운재단 기부문화총서 13

성공하는 모금 제안의 기술

고수들의 제안서 작성 비법

김재춘 지음

나남
nanam

늘 그리운 어머니
장성댁 정균순 여사께
이 책을 먼저 드립니다.

다른 문화권의 번역서나 너무 어려운 이론서, 1인칭으로 기술된 모금 서적에서는 느낄 수 없는 현실 공감. 실제로 추진된 제안의 과정에서 고민하고 해결책을 찾은 현장 모금가의 노하우가 디테일하게 담겨 있는 책. 한번 읽고 책장에 꽂아 두기에는 아까운, 두고두고 꺼내 볼 모금 참고서.

— **곽영철** 사회복지법인 대구가톨릭사회복지회

더 나은 세상을 만들기 위한 기업과 비영리 조직의 파트너십에 많은 영감을 줄 수 있는 책. 상대방에게 공익 가치를 효과적으로 전달할 수 있는 실질적 방법이 담겨 있어 모금가와 사회공헌 담당자에게 큰 도움이 될 것이다.

— **김민석** LG전자 CSR팀장

어디에서부터 준비하고 시작해야 할지 모르는 이들에게는 길잡이가, 모금 실패를 경험한 이들에게는 용기가 되는 책. 이해하기 쉽고 바로 적용이 가능한 생생한 현장 목소리.

— **김진현** 아이들과미래재단

생동감 넘치고 모금의 본질을 꿰뚫는 이 책은 때론 무릎 치는 공감을, 때론 얼굴 붉어지는 민망한 경험을 떠올리게 한다. 모금 전담자가 없거나 예산이 적은 조직에게 더욱 반가운 길잡이가 될 것이다.

— **정선애** 서울시 NPO지원센터 센터장

실제 제안서와 서식 등이 들어 있어 실무자들에게 매우 큰 도움이 될 만한 책. 모금 제안을 제대로 다룬 흔치 않은 실무 지침서.

— **허보영** 월드비전

모금 제안의 성공은 의지와 태도에 달려있고 좋은 제안서는 기부자와의 쌍방 관계에서 출발한다는 진리를 알려 주는 날카로움이 서린 책. 제안서 탄생 과정을 조목조목 짚어 주는 노련한 경험자들의 필기 노트.

— **황신애** 한국모금가협회 상임이사

뉴욕의 한 미술관에서 반 고흐Vincent van Gogh의 작품을 본 적이 있다. 책에서만 보던 그의 대표작들은 전율이 일 정도로 매혹적이었다. 하지만 나에게 더 깊은 감동을 준 것은 반 고흐의 초기 습작들이었다. 그 작품들에는 반 고흐가 당시 유행하던 온갖 스타일을 모방하고 배우면서 자신만의 작품 세계를 완성해 가는 과정이 고스란히 담겨 있었다. 날 때부터 천재였다고 생각했던 화가가 감당했을 지난한 역사가 그곳에 있었다.

　모금과 제안 관련해 거쳐 온 과정을 돌이켜 보면 모방과 반복, 그리고 실패의 연속이었다. 1990년대 중반, 광고 회사에 새내기 기획자로 입사하고 처음 몇 개월 동안은 사내에 있는 기획서, 제안서, 보고서를 미친 듯이 읽었다. 그리고 그 기획이 실행된 장소에 가 보고, 사비를 들여서 기획·제안 교육프로그램도 들으러 다녔다. 초창기 나의 제안서는 거의 남의 것을 베끼는 수준이었지만 나름 창작열도 있었던 듯하다. 어느 해에는 40여 개의 제안서를 쓰면서 포맷과 디자인, 표현하는 방식을 전부 다 다르게 만들었던 적도 있다. 처음부터 끝까지 Q&A 형식으로만 쓴 제안서도 있었고, 뒷장(예산)부터 보는 광고주가 괘씸해 낱장으로 구성한 제안서도 있었다. 그때까지 내 관심사는 '내용'이 아닌 '포장'이었다. 또한 '상대방이 원하는 것'을 어떻게 해결해 줄까 하는 생각보다는 '우리가 할 수 있는 것'을 어떻게 하면 잘 설명할 수 있는지에 더 꽂혀 있었다. 이후 무수히 많은 실패를 겪으면서 설명이 아닌 설득을 하는 법과 상대방의 특성에 맞게 제안서를 쓰고 가공하는 법을 알게 되고, 제안의 당락에 영향을 미치는 외적 요소를 어떻게 통제해야 하는지도 배울 수 있었다.

그 뒤로도 영역과 대상, 목적이 바뀌었을 뿐 기획과 제안서 작성은 20년 넘게 계속되었다. 특히 비영리 조직에 입문하면서는 단체가 필요한 비용이나 물품을 개인과 기업에게 요청하는 제안을 해야 했고, 관공서에 '프로포절proposal'이라고 불리는 공모사업계획서도 작성해야 했다. 담기는 내용과 전개 방식이 영리 기업의 제안서와는 전혀 달랐기 때문에 한동안 혼란을 겪기도 하였다. 영리 기업의 제안은 유형의 용역이나 서비스를 두고 하는 작업이지만 비영리 조직의 제안은 무형의 가치로 상대방을 설득시켜야 하는 일이기에 훨씬 어렵게 느껴졌다. 하지만 수많은 제안을 해 보고, 사회공헌 담당자들과 개인 기부자들을 만나고, 포털 사이트 모금 플랫폼 관계자들을 만나면서, 본질과 맥락은 그동안 해 온 제안과 크게 다르지 않다는 것을 알게 되었다.

비영리 조직의 최고관리자가 된 후에는 제안서를 작성하기보다는 제안서를 받는 일이 잦아졌다. 또한 공모심사 등 수십 개의 제안서를 평가해야 하는 자리에서 보면 과거의 부족했던 나를 닮은 이들의 모습에 답답함도 느끼고, 내가 20여 년간 애써서 습득한 제안의 노하우를 이미 이해하고 자유자재로 표현하는 젊은 실무자들의 천재성에 깜짝 놀라기도 한다.

수백 건의 제안을 직접 진행하고, 수천 건의 제안을 평가하고 코칭coaching한 경험을 통해서 나름대로 종합적으로 정리한, 성공하는 제안의 비밀을 이 책에 담았다. 총 87가지 비영리, 사회복지, 종교, 병원, 학교, 사회적 경제 현장의 제안 사례를 담았고, 직접 작성했던 3개의 제안서를 포함한 6개의 제안서 사례를 담고 있으며, 현장에서 활용 가능한 26가지의 제안 서식을 온라인을 통해 다운로드 할 수 있도록 했다.

어떤 대가大家도 한순간에 실력이 완성되지 않는다. 완벽한 제안, 훌륭한 모금가는 수많은 제안의 실전 경험을 통해 태어난다. 내가 했던 제안이 성공한 적도 있지만 실패한 적은 더 많다. 중요한 것은 이 모든 경험이 귀중한 공부가 되었다는 점이다. 세상 모든 일의 전문성은 경험을 통해 단련되고 점점 발전한다. 처음 제안서를 작성할 때 10시간이 걸리던 것이 나중에는 5시간 걸린다. 제안 경험의 자산화가 이뤄지면 더 빨라진다. 그래서 제안을 많이 해 보고, 제안서를 많이 써 보고, 제안서를 많이 읽어 보는 경험이 제안자의 핵심 역량이다. 그 안에서 제안자는 어떤 제안이 성공하는지를 알 수 있는, 성공의 감을 얻게 된다.

나는 일하며 가르치며 배우는 사람이다. 이 책의 거의 전부는 제안하며 만났던 분들, 같이 일했던 동료들, 그리고 내 강의를 들었던 교육생들에게 배운 것이다. 그들에게 고맙다.

아름다운재단 기부문화총서 13

성공하는 모금 제안의 기술

고수들의 제안서 작성 비법

차 례

일러두기

이 책에 나온 제안 사례와 제안서는 실제 진행된 내용을 토대로 일부 각색하거나 수정하였다.

용어 정리

모금 제안: 기부금을 얻을 목적으로 상대방에게 요청하는 행위. 여기에는 개별 권유와 더불어 온·오프라인 매체에 제안하는 글을 싣거나 관련 정보를 노출하는 것도 포함한다.

모금 단체: 비영리, 사회복지, 사회적협동조합, 예술, 학교, 병원, 종교 등의 영역에서 모금 활동의 자격을 갖춘 기관, 단체, 법인, 시설을 아우른다.

모금가: 모금을 하는 실무 담당자 또는 모금 활동을 총괄하는 관리자. 모금가는 포괄적인 모금 실무자를 뜻하며, 제안자는 모금가 중에서 실제 제안을 진행하는 사람이다.

제안 대상자: 제안을 받는 상대방(개인 또는 법인, 기업). 잠재 기부자가 기부할 가능성이 있는 포괄적인 일반 대중을 뜻한다면, 제안 대상자는 제안을 직접 받는 실제 상대방을 말한다.

제안 항목: 기부금의 사용처가 되는 제안의 내용으로, 사업이나 프로그램이 될 수도 있고 특정 물품이나 불특정 운영 자금이 될 수도 있다. '제안 사업', '프로그램'으로도 부른다.

모금 프로젝트: 목표를 가지고 일정 기간 동안 진행되는 모금 활동을 말하며, '모금 캠페인'이라고도 한다.

달라지는 모금 환경과

모금 제안에서의 대응

이 책은 비영리, 사회복지, 사회적경제, 병원, 학교, 종교 등에서 모금 활동을 실행하거나 지휘·관리하는 이들, 그리고 평소 기부나 모금에 관심을 가지고 있는 이들을 위한 실무용 서적이다. 가능하면 원론이나 이론적 접근을 배제하고 실제 모금 및 기부 활동에 직접적인 도움을 주는 목적으로 썼다. 현장에서 활용되는 실용서이자 늘 옆에 두고 참고하는 업무용 참고서로 볼 수 있다.

모금은 매우 의존적인 사업이고 외부 환경에 민감한 영역이다. 단체가 추진하는 사업이나 단체의 브랜드^{brand}에 따라 그 결과가 달라지고, 전반적인 경기와 가계 가처분 소득의 증감에 따라 모금액이 달라진다. 모금 제안은 모금 활동 자체만으로 그 성과를 예측하기 어렵기에 모금가 입장에서는 사회 전반의 동향을 잘 분석하여 큰 흐름에 대응할 필요도 있다. 그래서 모금 제안에 대한 실무적 얘기를 하기 전에 최근 국내 기부 및 모금계의 이슈와 동향을 잠깐 살펴보자.

기부포비아* 확산과 그에 따른 개인 및 기업들의 기부 축소, 온라인 및 뉴미디어new media 모금 활동 증가, 해외 유명 단체의 국내 모금 개시와 대면face to face, F2F 모금 시장 격화, 기부자 주도성 증가 정도가 근래 모금 제안을 둘러싼 환경의 변화이다. 거시적 환경이 이렇게 변화함에 따라 모금 단체와 제안자가 어떻게 대응해야 할지 고민해 볼 필요가 있다.

기부포비아의 확산

127억 원의 기부금을 횡령한 '사단법인 새희망씨앗' 사건과 '어금니 아빠'라 불린 이영학 씨의 후원금 유용 사건, 최순실 씨가 기업들로부터 수백억 원의 뇌물성 기부금을 수령한 '미르재단'과 'K-스포츠재단' 사건 등 모금 영역에 부정적인 영향을 주는 메가톤급 범죄들이 줄지어 일어났다. 그 여파는 고스란히 기부 참여의 저하로 이어지고 있다. 〈중앙일보〉가 2018년 3월 집계한 자료에 따르면 주요 대기업의 기부금은 2016년 6%, 2017년 14.5% 하락했다.

기업뿐만 아니라 개인 기부 역시 위축되고 있다. 한국보건사회연구원의 자료(〈그림 1〉)를 참고하면, 기부 참여율은 2011년 36.0%를 정점으로 2013년 34.5%, 2015년 29.8%로 지속적으로 하락 중이다. 여타 기부 관련 연구기관의 수치도 이와 비슷하다. 사회 전반적으로 기부 활동이 위축되는 현상의 중심에는 공익 단체의 도덕성과 사업 효과성에 대한 불신이 자리 잡고 있다. 모금가 입장에서는 이 현상을 기회로 바라볼 수 있어야 한다. 즉, 단체와 사업의 투명성을 요구하는 분위기가 커진다면, 그에 대한 준비가 잘되어 있는 곳은 오히려 기부가 늘 수 있다는 뜻이기도

• '기부포비아'는 '기부'와 '포비아'(*phobia*, 공포증)를 합친 단어로, 기부금의 횡령 등 여러 불미스러운 사건으로 시민들이 기부를 꺼리는 현상을 말한다.

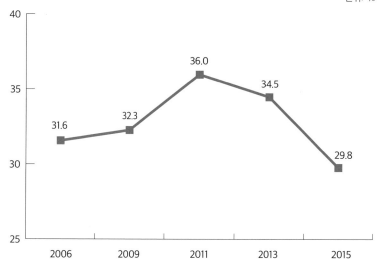

그림 1 기부 참여율 추이 (2006~2015년)

단위: %

- 2006: 31.6
- 2009: 32.3
- 2011: 36.0
- 2013: 34.5
- 2015: 29.8

자료: 한국보건사회연구원, 〈국내나눔실태 2015〉, 2016, 86쪽.

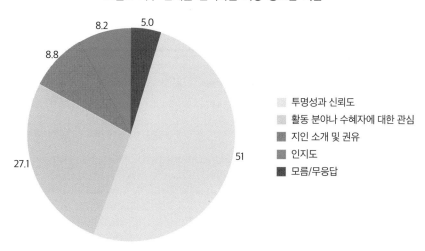

그림 2 기부 단체를 선택하는 가장 중요한 기준

- 8.2
- 8.8
- 5.0
- 27.1
- 51

- ▨ 투명성과 신뢰도
- ▨ 활동 분야나 수혜자에 대한 관심
- ▨ 지인 소개 및 권유
- ■ 인지도
- ■ 모름/무응답

자료: 아름다운재단, 제 16회 기부문화 심포지엄 기빙코리아 '2016 기빙인덱스'.

하기 때문이다. 아름다운재단의 자료(〈그림 2〉)에서도 보이듯 투명성과 신뢰는 기부단체를 결정하는 데 중요한 기준인 만큼, 이 부분에 대한 적극적인 대응이 있어야 할 것이다.

온라인 뉴미디어 모금의 확산

인터넷이나 사회관계망서비스social network service, SNS, 새로운 IT 기술이 모금 활동에 영향을 준 것은 오래되었다. 보조적 도구로 한정적으로 쓰이든 직접적인 매체로 사용되든, 이는 디지털시대에 거스를 수 없는 트렌드이다. 2016년 미국의 〈채리터블 기빙 리포트Charitable Giving Report〉●에서 보면 온라인을 통한 기부는 전체 모금 활동의 7.2%를 차지하고 있는데, 국내의 연구조사(〈그림 3〉)에서도 7.8%로 유사한 결과를 보인다. 2010년 온라인 모금 응답률은 6%였지만 점점 증가하여 2015년에는 20%, 2016년에는 28%까지 증가했다. 온라인 기부 플랫폼platform이라고 할 수 있는 카카오의 '같이가치', 네이버 '해피빈' 등과 더불어 페이스북과 트위터 등 SNS의 활용, 카카오톡이나 문자메시지 등 공유 툴의 활용뿐만 아니라 온라인 결제나 블록체인block chain 기술을 통한 결제 시스템의 도입 등 모금 영역 역시 점점 '스마트'해지고 있다.

모금 단체의 입장에서 뉴미디어는 소통의 도구이자 기부자 유입 통로이고, 결제의 현장이기도 하다. 뉴미디어에 대한 관심이 중요한 것은, 이 매체가 비교적 싸기 때문이다. 운영비 비율을 낮게 유지해야 하는 단체의

● *Charitable Giving Report*: *How Nonprofit Fundrasing Performed in 2016*, Blackbaud Institute, 2017.

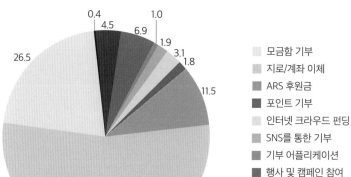

그림 3 1년간 기부 방법 (2015년 10월~2016년 10월)

0.4
4.5
1.0
6.9
1.9
3.1
1.8
26.5
11.5
66.8

- 모금함 기부
- 지로/계좌 이체
- ARS 후원금
- 포인트 기부
- 인터넷 크라우드 펀딩
- SNS를 통한 기부
- 기부 어플리케이션
- 행사 및 캠페인 참여
- 기타
- 모름/무응답

자료: 보건복지부 · 한국보건사회연구원, 〈나눔실태 및 인식 현황〉, 2016, 18~19쪽 재구성.

입장에서 온라인의 활용은 모금의 효율성 측면에서 매우 중요한 의미를 가진다. 다만 IT 기술이나 온라인 · 모바일 환경을 모금 활동에 효과적으로 이용하고 있는 단체는 아직 몇 없는 실정이지만, 점차 다양한 실험과 성공 사례가 나오면서 이는 개선될 것으로 보인다.

해외 유명 단체의 국내 진입과
대면 모금 시장의 격화

온라인 모금 활동이 증가하고 있지만 여전히 중요한 수단은 직접 권유나 거리 모금, 전화 모금 등 전통적인 대면 모금이다. 2013년 모금동향 조사 결과(〈그림 4〉)를 보면 '지인을 통한 모금'과 '기업 모금'이 각각 37%, 16%로 가장 효과적인 모금 방법으로 나타났으며, 여기에 거리 모금 11%

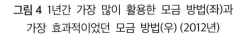

그림 4 1년간 가장 많이 활용한 모금 방법(좌)과
가장 효과적이었던 모금 방법(우) (2012년)

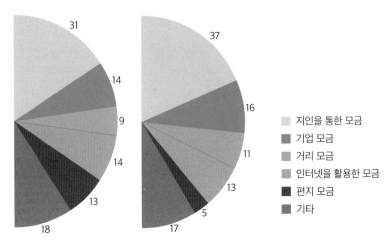

자료: (주)도움과 나눔, 〈2013 모금동향조사 결과보고〉, 2012, 3쪽 재구성.

까지 포함한다면 거의 64% 정도가 대면 모금을 가장 효과적인 방법으로
꼽았다. 특히 최근 몇 년간 거리 모금 활동이 매우 활발하게 증가하였는
데, 한국 사회에 새로 진입한 해외 유명 모금 단체들(그린피스Greenpeace,
옥스팜Oxfam 등)이 주요 모금 방법으로 거리 모금을 선택하면서 이는 더욱
격화되고 있다.

　이 책에서는 대면 모금 활동에서의 제안과 그 보조 도구로 활용되는 모
금 제안서의 작성 방법을 주로 다룬다. 약간의 포화 상태에 이른 모금 시
장에서, 결국에는 효과적인 제안을 할 수 있는 단체가 기부를 더 많이 유
치할 수 있기 때문이다. 여기에 온라인 모금에서의 글쓰기 역시 제안서 작
성의 한 갈래로 볼 수 있으니, 이래저래 제안의 기술과 전략은 점점 더 중
요해지고 있다.

기부자 주도성의 증가

기업 사회공헌 영역에서 최근 가장 중요한 키워드는 '공유가치 창출CSV'●
이라고 할 수 있다. '기업의 사회적 책임CSR'●● 이 의무적 성격이 강했다면,
이와 달리 CSV는 전략적 체계로 인식하고 대응해야 한다는 개념으로 이해
되며, 마이클 포터Michael E. Porter가 주창한 이후로 공익 활동 영역에서 광
범위하게 언급되고 있다. 개념에 대한 이견이 존재하지만, 대략적으로 기
업들이 일방적인 시혜자나 자선가로 기능하기보다는 좀더 전략적인 위치
에서 공익 활동을 설계하는 주체로 참여하는 것을 뜻한다.

제임스 오스틴James E. Austin은 비영리 단체와 기업의 파트너십을 네 가
지로 구분하였다(〈그림 5〉). 이 중 가장 낮은 단계인 자선 단계는 기업의
자원이 비영리 단체에 일방적으로 전달되는 수준을 말한다. 지금까지

● CSV(*creating shared value*) 란 기업이 당면한 사회적 요구를 파악하고 그 문제를 해결
하는 과정에서 경제적 수익과 사회적 가치를 동시에 창출하는 경영 전략으로, 하버드대
학교 비즈니스 스쿨의 마이클 포터(Michael E. Porter) 교수가 2011년 1월 〈하버드
비즈니스리뷰〉(*HBR*)에 기고한 "자본주의를 어떻게 치유할 것인가"(How to fix
capitalism) 라는 논문에서 소개하면서 알려졌다. 기업의 수익 창출과 사회공헌 활동이
별도의 활동으로 이루어지는 것이 아니라, 기업의 영업활동 자체가 사회적 가치를 창출
하는 동시에 경제적 수익을 추구한다는 점에서 기업의 사회적 책임(CSR)과 비교된다.
즉, CSV는 처음부터 경제적 가치와 사회적 가치를 동시에 창출하여 기업의 이윤으로
연결시키는 방법을 고민하는 반면, CSR은 기업이 이미 만들어낸 이익의 일부를 사회에
환원하는 방식이다. 이 때문에 CSR 예산은 주로 영업 외 비용으로 인식되지만, CSV에
투입되는 돈은 그 자체가 주요 경영활동의 예산과 비용으로 인식된다(출처: 두산백과
사전, '공유가치창출').
●● CSR(*corporate social responsibility*) 은 기업의 활동과정에서 뇌물수수 금지와 회계투명
성 등 윤리경영, 환경과 인권 보호, 사회공헌 등의 가치를 제고시켜, 이해관계자뿐만 아니
라 지역사회, 더 나아가 인류사회 전체에 이익이 되도록 하는 조직체의 책무를 말한다(출
처: 중소벤처기업부 전문용어, 'CSR'). 일반적으로 기업의 사회공헌 활동을 지칭한다.

그림 5 비영리 단체와 기업 간 파트너십의 4단계

1 자선 단계 the Philanthropic Stage	일방적으로 자원을 제공하여 자선적 기여를 하는 조직과 그 자원으로 사회 변화를 실행하는 조직으로 나뉘는 단계
2 교환 단계 the Transactional Stage	마케팅적 활동이나 일정 부분의 자원을 상호 교류하여 상호간의 이익을 추구하는 단계
3 통합 단계 the Intergrative Stage	조직의 다양한 자산(사명, 가치, 전략, 사업, 인력, 프로세스, 관련 활동)이 조직적으로 연계되면서 좀더 큰 가치를 창출하는 단계
4 변혁 단계 the Transformational Stage	강하고 장기적인 협력 체계를 통해 사회 및 파트너 기관의 혁신적 변화를 만들어 내는 단계

자료: James E. Austin & M. May Seitanidi, *Creating Value in Nonprofit-Business Collaborations: New Thinking and Practice*, Jossey-Bass Publishers, 2014 재구성.

그림 6 사회복지공동모금회 연도별 모금 실적

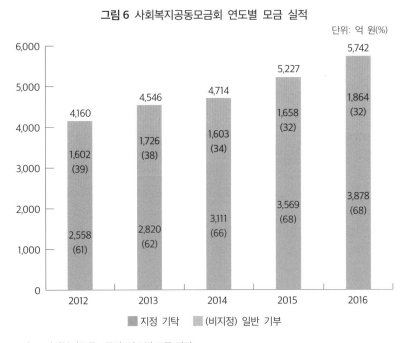

단위: 억 원(%)

자료: 사회복지공동모금회, 연도별 모금 실적.

대부분의 기부 활동이 자선 단계의 형태로 이루어졌다. 하지만 기업들 역시 공익 활동을 통해 이익을 도모하고자 하는 욕구와 함께 사회 변화의 주체로 참여하고자 하는 욕구 역시 강해져, 교환이나 통합 이상의 파트너십을 원하고 있다. 모금 단체는 이러한 욕구의 변화에 대응하여야 한다.

개인의 차원에서도 마찬가지이다. 기존의 기부자들은 좋은 일을 한다는 단체를 선정하여 기부하고 그 다음은 그다지 관심을 갖지 않았지만, 교육 수준이 높아지고 사회참여 의식이 날로 높아짐에 따라 단체와 사업에 관여하고 참여하기를 원하는 이들이 많아지고 있다. 그래서 단체들은 기부자가 사업의 의사결정에 어느 정도 참여할 수 있는 모금 상품을 개발하고 있다. 이런 기금을 '기부자 주도 기금DAF' • 이라 한다. 사회복지공동모금회에서도 기금 사용의 주제 또는 단체를 기부자들이 지정할 수 있게 한 지정기탁제도의 이용률 또한 매년 올라가는 추세이다.

돈만 내는 주체에서 사업 참여의 주체로 기부자의 역할이 확대된 점은 모금가에게 많은 시사점을 준다.

이렇게 살펴본 네 가지 최신 동향은 이 책에서 말하는 모금 제안의 외부적, 거시적 환경이다. 가족이나 지인, 지역 상인을 만나서 요청하는 입장이라면 크게 관계없다 할 수 있겠으나, 모금 제안에 영향을 미치는 요소를 확인해 두고 긍정적인 부분은 반영하거나 강화하고, 부정적인 부분은 미리 준비하여 피하거나 제거하는 것 역시 크게 보면 모금 활동의 일부라 할 수 있어 정리를 해 본다. 이제 본격적으로 모금 제안 실무를 살펴보자.

• DAF (*donor-advised fund*) 란 기부자가 단순히 금전과 물적 자원을 모금단체에 제공하는 것이 아니라 기부금의 사용처와 사용의 방식 등에 대해 관여할 수 있는 기금이다. 기부를 시작하기 전에 모금가와 기부자 사이의 협상과 협약을 통해, 기금이 어디에 어떤 과정을 통해 사용될 것인지를 정하게 된다.

모금 제안 다시 생각하기

- ☑ 제안은 요구가 아니라 설득
- ☑ 제안은 설명이 아닌 해결
- ☑ 제안은 구걸이 아닌 거래
- ☑ 제안은 요청이 아닌 연결
- ☑ 제안은 질이 아닌 양의 게임
- ☑ 제안은 문서가 아닌 과정

똑같은 상황과 조건에서 같은 일을 해도 성과를 내는 사람이 있고 그렇지 못하는 사람이 있다. 성과의 차이를 가르는 개인 역량은 무엇일까? 오랜 시간 많은 사람들을 만나서 같이 일해 본 경험상, 지식과 기술의 차이는 장기적 성과에 그다지 영향을 미치지 못한다. 중요한 것은 그 일을 맡은 사람의 '일을 대하는 태도'와 '일에 대한 인식'이다. 맡은 일의 본질을 정확히 이해하여 어떤 부분이 중요한지, 무엇을 해야 하는지, 어떤 순서로 진행해야 하는지를 잘 아는 사람이 성과도 높았다.

제안도 그렇다. 제안에 대해 잘못 이해하고 있는 경우 마음은 괴롭고, 몸은 피곤하며, 기부금 통장은 늘 허전할 수밖에 없다. 첫 단추를 잘못 꿰었을 때 고생은 고생대로 하고 일은 일대로 안되는 법이다.

모금가와 모금 제안이라는 행위, 그 맞은편에 서 있는 기부자와 기부라는 행위 모두를 정확하게 이해하고 제안을 할 때 헛발질은 줄어들고 통장에 돈이 쌓일 것이다. 이 장에서는 모금 현장의 실무자가 쉽게 착각하거나 오해하는 여섯 가지 생각을 다루고 전환을 시도해 본다.

제안은 요구가 아니라 설득

모금 제안은 기부할 이유와 상황을 만들어 주는 작업이다

"… 형편 닿는 대로 지원해 달라고 삼성전자와 LG전자에 팩스까지 보냈다. 그런데 도와줄 수 없다고 했다. 우리가 요청한 것은 큰돈도 아니고 '노트북 3대, 컴퓨터 3대' 정도였다. 자기네는 그런 것을 지원하는 곳이 아니라고 했다. 참 멀게 느껴졌다."

모 일간지에 실린 탈북자 지원단체 대표의 인터뷰이다. 유수의 대기업들에게 기부를 요청하였지만 냉담히 거절당한 것에 대해 이해할 수 없다는 심정을 토로하고 있다. 이 짧은 인터뷰에서 해당 단체가 가지고 있는 모금 제안에 대한 태도와 기술의 부족을 엿볼 수 있다. 좋은 뜻을 가진, 당연히 기부받아야 하는 단체로 자신을 규정하고, 모금을 마치 맡겨 놓은 돈을 찾듯 기업에게 요구하는 행위로 인식하고 있는 것 같다.

모금은 일종의 설득 커뮤니케이션이다. 위의 사례를 보면, 용기를 내어 요청을 한 것은 훌륭하지만 모금이 상대방을 설득하는 행위라는 것에 대한 이해가 없으니 채권자가 맡겨 놓은 돈을 찾듯 기부를 요청한 것이

다. 모금에 성공하는 제안을 하기 위해서는 확실히 알아 두어야 할 개념이 있다. 모금은 요구*가 아니라 설득이라는 점이다. 단체가 무작정 달라고 해도 제안 대상자들은 그 무례한(?) 요청에 응할 하등의 이유가 없다. 그들은 이해시키고 납득시켜야 할 대상이지 윽박지르고 수금하는 대상이 아니다.

그런 맥락에서 '설득'이라는 단어를 곰곰이 생각해 보자. '설득하다'의 사전적 정의는 '상대편이 이쪽 편의 이야기를 따르도록 여러 가지 방식으로 말하다'이다. 여기서 중요한 것은 '상대편'과 '여러 가지 방식'이다. 상대편이라는 말은 일종의 반대파라는 뜻이다. 그렇기에 설득은 '내 주장에 동의할 생각이 없는 사람에게 다양한 명분과 방법을 사용하여 내 주장에 동의하게 만드는 과정'이고 모금은 '내 편이 아닌 사람을 내 편으로 만들어야 하는' 매우 어려운 과업인 것이다.

설득과 요구의 차이점은 상대방을 대하는 태도의 기본 전제가 다르다는 점이다.

어린아이는 '전지전능'한 부모에게 모든 것을 의존한다. 줄 것이 없고 받기만 하는 입장이기에 '부모는 내 요구를 반드시 들어준다'라는 전제가 자연스럽게 경험으로 형성된다. 그러다 보니 부모가 자신의 요구를 들어

---

* 정부나 지자체를 대상으로 하는 복지 단체들의 경우, 마땅히 국가가 해야 하는 일을 대신한다는 개념 때문에 정부나 국민에게 필요 자금을 당당히 요구한다는 생각을 가진 이들이 많다. 물론 개념상으로는 맞는 이야기이고 논리라고 본다. 하지만 제안의 현장에서 임연히 주는 이와 받는 이가 구별되어 있고, 받고자 하는 이들이 상내적으로 많은 상황에서는 막무가내 요구가 통하기보다는 설득적인 요청이 더 효과를 발휘한다. 이 책에서 요구의 기술과 방법을 다루지 않는 것은 자칫 그 내용이 정치적인 방법까지 다루게 되는 우를 범할 가능성이 크기 때문이다.

요구와 설득의 차이

	요구	설득
수준	어린아이	성인
전제	남들은 나를 도와줄 것이다. 도와주어야 한다.	남들은 나를 도와줄 이유가 없다.
태도	상대방 욕구 무시	상대방의 욕구와 저항 연구
행동	막무가내	설득 전략 수립 및 효과적 제안

주지 않으면 실망하고, 분노하여 울고 떼를 쓰는 것이다. 비단 아이만이 아니다. 많은 단체의 실무자나 대표자의 태도도 마찬가지이다. 제안할 때 본인의 태도와 부족한 기술은 아랑곳하지 않고 마치 그 제안을 거절한 사람을 나무라는 태도만을 가진 이들이 많다. 자신들의 사업과 활동에 대한 자부심이 지나쳐 자신의 제안을 '이유 여하를 떠나 반드시 받아들여야 하는 어떤 것'이라고 생각하는 것이다. 물론 좋은 일을 하는 것은 맞지만 모금이라는 행위는 그와 별개로 설득하는 행위이기 때문에, 제안 대상자의 전제를 다르게 보고 접근해야만 한다.

그렇다면 성숙한 모금가의 자세는 어떠한가? 모금이 기본적으로 설득 커뮤니케이션이라는 것을 아는 모금가는 생각의 출발점을 '사람들은 내 요청을 들어주지 않으려 한다', 더 나아가 '사람들은 내 요청을 들어주지 않을 이유가 있다'라고 잡는다. 회의적이고 부정적 태도를 가지라는 말이 아니다. 대상자에 대한 '낮은 기대'에서 출발하면서 우리의 의견, 제안을 관철시키기 위해서 어떻게 해야 할지 열심히 고민해야 한다. 그러다 보면 제안 대상자에 대한 연구와 저항에 대한 대응책, 성공의 전략을 준비하게 될 것이다.

제안, 즉 설득은 매우 복잡 미묘한 심리사회적 과정이다. 사람은 이성적이면서도 감성적이고, 이타적이면서 이기적이다. 각 개인의 이해관계, 요구, 욕구, 불만, 거절의 이유는 모두 다르다.

이러한 '사람'을 다뤄야 하기 때문에 설득은 매우 정교한 기술과 올바른 태도, 대상에 맞는 전략이 필요하다. 모금을 하는 사람이 설득에 대한 원리를 숙지하지 못하거나 각각 다른 대상자를 효과적으로 다룰 수 있을 정도로 훈련되지 못했다면 그 단체는 무수히 많은 기회를 놓치고 헛심만 썼을 가능성이 크다. 모금을 잘해 보겠다는 사람들에게 영업사원이 읽는 책, 설득이나 협상과 관련된 책을 참고하라고 권유하는 점도 이 때문이다.

제안은 설명이 아닌 해결

우리 이야기가 아닌 그들이 원하는 이야기를 하라

"솔직히 우리는 하루에도 수십 개의 제안서를 받습니다. 사실 다 비슷비슷해요. 대부분은 그냥 대충 보고 한쪽에 밀어 뒀다가 폐기하죠. 아주 특별히 흥미로운 기획이 아니라면 채택될 가능성은 거의 없다고 봐야 해요. 그래도 우리 회사의 사회공헌 또는 마케팅 정책과 맥을 같이하거나 홍보, 고객관계 개선, 직원 사기 진작 등에 도움이 되는 기획, 우리가 원하는 바를 담은 기획이 있는 것을 고르죠. 물론 윗사람이 던져 주는 것이 우선인 경우가 많지만요."

— 박○○(대기업 사회공헌팀 대리)

제안을 받는 사람 입장에서는 매일 무수히 많은 단체들이 찾아와 비슷한 내용의 제안을 한다. (아예 같은 경우도 있다.) 서로가 자신의 프로그램이 가장 의미 있고 가치가 높다고 하지만 듣는 입장에서는 그다지 차이가 있어 보이지 않는다. 마치 비슷한 수준의 기능과 디자인을 가진 제품을 팔러 온 영업사원처럼 대동소이하다. 모금하는 입장에서야 제안이 특별한 이벤트이겠지만, 늘 제안을 받는 이에게는 비슷비슷하게 귀찮은 사람들이 늘어놓는 똑같은 이야기의 연속일 뿐이다. 상황이 이런데도 단체들은 이들에게 어필할 수 있는 전략 없이 자신의 사업을 착실히 설명하는 것만이 제안이라고 생각한다.

'가장 좋은 제안서는 기부자가 쓴 제안서'라는 말이 있다. 그 이야기는 기부자가 원하는 내용을 담은 제안서가 채택될 확률이 높다는 뜻이기도 하다. 모금 제안이 기부라는 목적을 이끌어 내기 위한 행위이듯, 기부라는 행위 역시 어떤 목적을 달성하기 위한 행위이다. 평소에 기부에 대해 별생각 없어 보이는 사람도 만나서 얘기를 하다 보면 기부나 나눔에 대한 자기 경험과 가치관, 동기가 확고하다는 점이 보인다. 다들 '기부금을 낼 이유'도, '기부금을 내지 않을 이유'도 가지고 있다. 제안자는 그들이 기부를 결정하게 되는 동기를 찾아내어 자극하고, 기부를 거부하는 저항을 찾아내어 그 걸림돌을 제거해야 한다.

사 례

단체 B에 오후 3시쯤 전화가 한 통 걸려 왔다. 3억 원을 기부하고 싶다는 전화였다. 규모가 있는 기부단체에는 심심찮게 이런 장난 전화가 걸려 온다. 하지만 전화를 받은 담당자는 성실하고 진지하게 전화를 받았고, 통화자가 소개한 사이트에 들어가 조사를 해 보니 관련한 정황이 밝혀졌다. 몇 년 전 모 패션회사에서 상금으로 3억 원을 걸고 일반 시민을 대상으로 공모전을 진행했으나, 이미 수상자가 내정된 상태라는 점이 밝혀지면서 언론에서 큰 문제가 된 적이 있었다. 결국 그 회사는 응모자들이 연합하여 만든 항의 모임에게 3억 원을 지급하고, 그 모임은 사회공익 활동에 전액 기부하는 것으로 정리된 사건이었다. 그 후 모임에서는 북한동포 지원 단체에 기금을 기부하였으나, 남북관계가 교착되면서 원래 일정대로 쓰이지 않자 원래 계약과 다르다고 기금을 회수했다. 회수된 기금을 다시 고등기술학교에 기부하였으나 이사장과 교장이 이 돈을 사적으로 유용한 것이 밝혀지면서 모임에서 민형사 소송을 준비 중인 상태였다. 조금 복잡한 역사가 있는 모임과 돈이었지만 장난 전화는 아니었다.

기부 의사를 밝혔다고 당장 그 돈이 단체 B의 소유가 되는 것은 아니었다. 기부자는 단지 기부할 의사가 있음을 내비친 것이었고, 다른 단체에도 같은 의사로 전화를 걸었다는 것도 알게 되었다. 제안을 위한 작전과 경쟁력 있는 제안서가 필요했다.

　단체 B의 모금팀에서 제안서를 작성하면서 잡은 콘셉트는 바로 '당신들의 돈을 투명하게 사용하겠다'였다. 물론 거의 모든 모금 단체가 이 내용을 제안서에 표기한다. 하지만 단체 B는 이 내용을 단순한 구호가 아닌 구체적 사실로 만들었다. 즉, 자금의 투명한 사용을 위하여 ① 입출금 내역이 명확히 드러나도록 별도의 통장을 만들어 개별 관리하겠다, ② 해당 기금의 이자까지 구호사업에 투입하겠다, ③ 기금의 사용 내역을 정기적으로 보고하겠다, ④ 모임에서 원한다면 언제라도 온·오프라인으로 모임 회원들에게 기금 사용 현황과 진행 상황을 보고하겠다, ⑤ 모임 회원 중 1~2인을 해외 구호 사업장에 직접 보내 사용 현황을 확인토록 하겠다, 라고 썼다. 특히 모임의 대리인이 학교 교사라는 점에 착안하여 기금의 사용처 역시 해외 오지 마을의 소수민족 학교 교사를 지원하는 사업으로 정했다.

　왜 단체 B는 투명성을 강조하고, 기부금의 구체적인 사용 및 관리 방안을 제시했을까? 단체 B의 담당자들은 기부할 모임의 회원들이 그간 역사 때문에 '투명성'에 대해 가장 중요하게 생각할 것이라 생각했고, 그 부분을 강조한 전략을 펼친 것이다. 특히, 구체적으로 쓰지 못하면 그들의 기대 수준을 채우지 못할 것이라고 보아 납득 가능한 콘텐츠를 준비한 것이었다.

만반의 준비를 짧은 시간에 끝내고, 다음날 오전 대리인을 찾아가 짧게 설명했다. 그로부터 네 시간 뒤 3억 원을 단체 B에 기부하기로 결정하였다고 통보가 왔고, 두 달 뒤 지정한 통장에 3억 원이 입금되었다. (학교와의 소송전 때문에 기금을 돌려받는 데 시간이 걸렸던 것이다.)

　이후 감사 프로그램을 진행하기 위해 초대된 모임의 대리인은 이렇게 고백했다.

"사실 우여곡절이 많았던 돈이라서 투명하게 제대로 돈을 써 줄 만한 곳을 찾아야 했어요. 국내 유명한 대여섯 곳에 전화를 했습니다. 그중 가장 성실하게 받은 곳이 여러분 단체였고, 가장 빠르게 모임의 홈페이지에 들어와 상황을 파악하고 제안서를 가지고 찾아와 준 단체도 여러분이었습니다. 우리가 염려했던 기금 사용의 투명성에 대해서 구체적으로 대안을 세워준 점도 상당히 신뢰할 만했습니다. 그래서 제안을 받는 자리에서 바로 결정할 수 있었지요."

기부자마다 살아 온 삶이 다르고 처한 상황이 다양하듯 기부에 대해서도 원하는 바가 각자 다르다. 제안 대상자가 진정으로 원하는 부분을 잘 찾아내어 그것을 제공해 준다면 제안은 성공에 더욱 가까워질 수 있다. 어떤 이는 투명한 기금 사용을 바라고, 어떤 이는 과도한 운영비 지출을 꺼린다. 단체가 실제로 활동하는 모습을 보아야 직성이 풀리는 사람도 있고, 혁신적인 사업에만 관심을 보이는 사람도 있다. 자신들 회사의 홍보에 도움이 되길 바라는 사회공헌 담당자도 있지만, 철저히 회사 대표의 관심사와 철학에 부합하는 것에만 신경 쓰는 기업 담당자도 있다.

이렇듯 전부 다른 기부자들의 머릿속에는 '만약 단체에서 ~를 해 준다면, 내가 기꺼이 기부할 수 있다'라는, 일종의 'if 가정절'이 새겨져 있다. 모금가는 이 부분을 잘 파악하고, 그들이 선뜻 기부할 수 있도록 그 통로를 잘 안내해야 한다. 드러내 놓고 표현하지 못한 마음속 욕구를 해결해 주는 고마운 단체에 기부하지 않고서는 배길 수 없다. 따라서 제안은 우리 이야기를 잘 하는 것이 아니라 그들이 듣고 싶어 하는 이야기가 무엇인지 파악하여 그것을 요령 있게 건드리는 행위이다. 그래서 로마 시대 웅변가이자 정치가인 키케로Marcus T. Cicero는 "당신이 나를 설득하고자 한다면 당신은 반드시 나의 생각을 생각하고, 나의 느낌을 느끼고, 나의 말을 말해야 한다"고 하였다.

제안은 구걸이 아닌 거래

우리가 제공하는 가치가 높아야 많은 것을 얻을 수 있다

모금은 가치 교환value exchange이다. 결국, 기부자에게서 받으려는 기부금품이라는 가치에 대응하는 합당한 가치를 우리 측이 가졌느냐가 제안의 성패를 가른다. 가치를 새로 만들거나 기존의 가치를 잘 포장해서, 기부자가 주는 기부금품보다 더 높은 만족을 그들에게 제공할 수 있다는 것을 증명하는 행위가 곧 제안이다. 단체가 제공할 수 있는 가치는 매우 다양하다. 진행하는 공익 사업이나 단체의 긍정적인 이미지나 유명세, 단체의 임원 등 참여 인사들과 관계를 맺을 수 있는 기회 등이 제안 대상자가 원하는 가치일 수 있다. 홍보 효과나 기부자 예우 감사 프로그램, 혜택 등은 가시적인 가치에 속한다. 무엇보다 선한 일에 동참하여 변화를 함께 만든다는 자부심과 소속감도 단체가 제공할 수 있는 훌륭한 가치이다. 문제는, 자신이 만들고 소유한, 그리고 확장할 수 있는 가치가 꽤 많음에도 불구하고 단체들이 너무 저자세로 교환 협상에 임한다는 점이다. 제공할 수 있는 가치를 너무 편협하게 본다거나, 제안 대상자가 그 가치를 인정하지 않는 경우가 있기 때문이다.

제안이 가치 교환 과정이고 일종의 협상이라는 생각을 가진다면 가치의 저평가에 푸념하고만 있지 말고, 더 높은 가치를 새롭게 만들거나 기존의 가치를 포장해 높은 평가를 받을 수 있도록 해야 한다. 우수한 공익 사업 개발과 진행, 기부자들이 선호하는 인사 영입, 세련된 단체 브랜드와 이미지 구축, 단체의 신뢰도를 높이는 상 수여나 자격 획득 등이 높은 가치를 새롭게 만드는 것이라면, 기존 사업이나 단체가 보다 매력적으로 비치도록 새로운 의미와 가치를 부여하고 알리는 일은 기존의 가치를 포장하는 것이다. 즉, 이러한 과정을 통해서 모금기관은 '받는 곳'이 아닌 '주는 곳'으로 스스로를 재정의할 수 있다. 영리한 영업사원은 "제 물건을 사주세요"라고 하지 않는다. 대신, "제 물건이 고객님께 도움을 줄 수 있습니다"라고 한다.

사 례

자선단체 G는 불우이웃돕기 중고 바자회를 개최하기로 하고 바자회에 쓸 중고물품을 전국적으로 모집하기로 하였다. 하지만 그들에게 홍보 예산은 전혀 없었고, 언론 매체 역시 도와줄 리 만무했다. 그들은 차분히 전략을 짜기 시작했다. 중고물품이 가장 많이 나오는 이사 철에 캠페인을 하기로 하고, 이사하려는 사람들이 가장 먼저 만나는 부동산을 통해서 홍보 제휴를 제안해 보기로 하였다. 전국 네트워크를 가진 회사를 찾아가 건넨 제안은, 부동산 상담할 때 단체의 '이삿짐 기증 홍보 전단지'를 나눠 달라는 내용이었다. 자선단체 G가 부동산 회사 사장을 만나 말했던 제안의 요점은 단 하나였다. "저희가 사장님 사업이 잘될 수 있도록 해보겠습니다."

얼핏 들으면, 자선단체가 무슨 수로 부동산 중개업소의 사업이 잘될 수 있게 하겠다는 것인지 이해가 안 될 수 있다. 다음의 얘기를 들어 보라.

"부동산 중개업소에 온 고객은 생애에서 가장 크고 위험한 거래를 해야 합니다. 그래서 불안과 불신의 눈으로 여러분을 바라봅니다. 만약 이 불안과 불신을 조금이라도 희석시킬 수 있다면 사장님의 사업에 도움이 되지 않겠습니까? 저희를 이용해 보세요. 중개업소 대표들이 부동산 상담을 끝낼 때 상냥한 미소와 함께 '이 단체가 아주 좋은 일을 하는 곳인데 저희가 적극 돕고 있습니다. 이들에게 연락하셔서 이삿짐 중에 안 쓰는 물건을 기증하시면, 바자회에서 팔아 어려운 사람들을 돕는 데 쓴다고 합니다. 기부금 영수증 발급도 가능하다고 하네요. 고객님께서 동참하시면 저희들도 같이 할 생각입니다'라고 하는 장면을 상상해 보십시오. 여러분의 사업이 한결 부드러워지고 고객이 해당 중개업소에 느끼는 불신과 불안한 마음이 누그러지는 데 도움을 줄 수 있을 것이라 생각합니다."

고객에게 신뢰받는 이미지라는 가치를 원했던 부동산 회사는 망설임 없이 이 제안을 받아들였고, 그 단체와 기업은 지금까지 십여 년 동안 변함없는 파트너십을 이어가고 있다. 이 사례에서 단체는 자신의 사업이 지닌 가치를 잘 발굴, 포장하여 기업의 참여를 이끌었다고 볼 수 있다.

제안자가 경계해야 하는 것은, 기부자에게 줄 무언가를 갖지 못한 것이 아니라, 그들에게 줄 것이 없음을 너무 빨리 인정하고 포기해버리는 것이다. 제안은 제안 대상자에게 줄 것을 찾고 나서야 비로소 시작되는 것이다.

제안은 요청이 아닌 연결

우리가 바라는 것과 그들의 인생이 연결될 때 지갑은 열린다

제안 대상자는 제안의 내용이나 제안 단체, 제안자 등이 자신과 관련이 있을 때 더 쉽게 기부를 결정한다. 고향, 출신 학교, 종교 등의 외적 연관성은 물론이고 가치관, 비전vision, 내면의 정서, 개인 경험 등의 내적 연관성까지 조금이라도 연결되어 있을 때 제안을 긍정적으로 받아들일 가능성이 크다. 그래서 제안자는 제안 대상자에 대해 조사하여 어떤 부분이 연결 가능한지를 고민해야 한다. 나아가 제안 대상자가 제안의 내용을 자신의 일로 받아들이게 할 수 있다면 최고의 제안이 될 수 있다.

여기 기막힌 제안의 고수가 있다. 이 아이의 제안을 살펴보면 제안은 과연 어떠해야 하는지를 확인해 볼 수 있다. 아빠에게 커다란 곰인형을 사 달라고 하는 아이 A와 B의 제안 과정을 한번 살펴보자.

아이 A는 피곤해서 늦게 들어온 아빠에게 이렇게 요청한다.
"아빠, 저 곰인형 사 주세요."
"응? 너 지난번에 다른 인형 사 줬잖니."

"에이, 그건 이미 오래된 거예요. TV에서 크고 멋진 거 봤어요. 그거 정말 갖고 싶어요. 곰인형 사 주세요."

"글쎄다. 넌 다른 인형도 너무 많아."

"(울먹이며) 인형 갖고 싶단 말이에요. 아빠 돈 많잖아요. 무슨 아빠가 곰인형도 안 사 줘요. 으앙 … ."

대부분의 아이들이 아이 A와 같다. 누구나 한 번쯤 경험해 본 현실이리라. 많은 단체의 제안은 A라는 아이의 그것과 닮아 있다. 비영리 삼단논법이라 부르는 방식이다.

비영리 삼단논법

1. 우리는 가치 있는 일을 한다.
2. 당신(제안 대상자)은 돈이 있다.
3. 그 돈을 달라. 잘 활용하겠다.

일반적이다. 크게 잘못된 것도 없다. 과연 그럴까? 여기에는 성공하는 모금 제안의 핵심 원리 하나가 빠져 있다. '제안 항목과 제안 받는 자 사이의 연결고리'가 없다. 즉, 제안 대상자인 아빠와 제안 프로그램인 곰인형 사이에는 어떤 연결성도 없다. 곰인형은 단지 아이 A가 갖고 싶어 하는 것일 뿐이지 아빠에게 의미 있는 것이 아니다. (심지어 가능하면 피하고 싶은 어떤 것이다.) 아빠 입장에서는 아이 A의 요청은 그냥 본인의 욕구를 해소하고 싶은 제안일 뿐이다. 기부 저항에 막힌 아이 A가 할 수 있는 제안의 기술은 결국 울고 떼쓰는 것이다. 물론 이 경우에도 원하던 인형을 받아 낼 수는 있겠지만 아이 A는 자신의 욕구를 위해 떼쓰는 아이라는 인상을 주게 되고, 아빠는 유사한 상황을 피하고 싶은 생각을 갖게 될 것이다.

다음은 제안계의 절대 고수인 아이 B의 사례이다.

"아빠, 저 곰인형 사 주세요."

"응? 너 지난번에 다른 인형 사 줬잖니."

"물론이죠. 늘 감사하게 생각해요. 근데 아빠, 저는 아빠를 정말 사랑하는 거 같아요."

"응? (애가 무슨 말을 하려고 하는 거지?)"

(이런 혼란을 주어 관심을 유발했다면 제안은 이미 반쯤 성공한 것이다.)

"저는 아빠를 너무 너무 사랑해요. 그래서 아빠가 집에 들어오시길 기다리다가, 아빠가 오시면 같이 놀고 아빠 품에서 잠들고 싶은데 아빠는 늘 술 드시고 늦게 들어오시고, 들어오셔서도 금방 주무셔서 넓고 따뜻한 아빠 품이 그리워요."

"험험…."

"그래서 아빠 생각하면서 품에 안겨서 잘 수 있는 큰 곰인형 한 마리 사 주세요. 얼마 전 TV에 나온 곰인형이 아빠하고 꼭 닮았더라고요. 그러면 아빠라고 생각하면서 같이 잘 수 있을 것 같아요."

"……. 미안하구나."

이런 상황에서 곰인형 사 달라는 요청을 거절할 수 있는 아빠는 없을 것이다. ('곰인형이 핵심이 아니고 빨리 들어오라는 얘기지'라고만 생각하는, 눈치 없는 분이 있다면 가족들과의 관계가 원만치 않으시리라 확신한다.) 아빠는 다음 날 큰 곰인형을 사 들고 빨리 퇴근할 것이다. 아이는 제대로 된 제안으로 '곰인형'과 '아빠의 빠른 귀가'라는 두 가지를 얻어 낼 수 있다.

성공하는 제안은 바로 이런 것이다. 제대로 된 제안은 단순히 요청했던 하나만을 얻어 내지 않는다. 미래의 자산이 될 수 있는 굳건한 신뢰도 덤

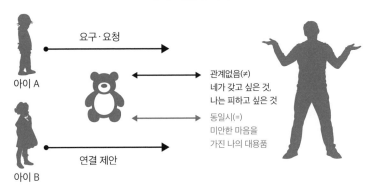

요구와 제안의 차이

아이 A

요구·요청

아이 B

연결 제안

관계없음(≠)
네가 갖고 싶은 것,
나는 피하고 싶은 것

동일시(=)
미안한 마음을
가진 나의 대용품

으로 얻는다. 왜 이런 일이 가능한가?

이 사례에서 제안의 핵심 기술이랄 수 있는 '요청하는 내용과 요청받는 사람의 연결'이 아주 효과적으로 되어 있다. 아이 A의 사례에서는 아빠에게 곰인형은 단순히 아이가 갖고 싶어 하는 것을 넘어서지 못한다. 아빠의 삶이나 가치관, 관심과 연결되지 못한다. 하지만 아이 B의 사례에서 곰인형은 아빠에게 '아이가 원하는 아빠'의 대용품이다. 좀더 자세히 말하자면 '늦게 들어와서 늘 아이에게 미안했던 아빠의 마음을 자극하는' 아빠 대용품이다.

제안은 바로 이래야 한다. 제안 대상자에게, 지금 우리가 요청하는 내용이 당신의 삶과 어떤 관련이 있는지를 얘기해 줄 수 있어야 한다. 제안 대상자가 먼저 정해진 경우 모금가는 우리의 요청 사항과 제안 대상자 간의 연관성을 탐색해 연결고리를 찾아내고 표현하는 것에 많은 시간을 할애해야 하고, 대상자가 정해지지 않은 경우에는 사업과 연결성을 가진 대상자를 찾는 데 노력해야 한다. 어떤 방식이든지 연결이 곧 제안이다.

제안은 제안 대상자와 모금가 쌍방의 치열한 기 싸움이고, 세력 다툼이고, 명분 전쟁이다. 하지만 여기서 중요한 것은 나의 승리가 아니라 상대

비영리 삼단논법		가치 제안
1. 우리는 가치 있는 일을 한다. 2. 당신은 돈이 있다. 3. 그 돈을 달라.	➡	1. 당신은 원하는 것이 있다. 2. 우리가 도움이 될 수 있다. 3. 우리를 이용하라.
	➡	협력 제안 1. 이런 사회문제가 있다. 2. 관심 있지 않은가? 3. 함께 해결해 보자.

의 승리다. 모금을 포함한 모든 영업의 매력은 바로 여기에 있다. 상대를 이기게 하면 나도 승리한다. 당신의 목표이자 모금의 핵심은 제안 대상자가 가진 꿈을 찾아내 그것을 실현하는 프로그램과 연결하는 것이다. 모금가를 표현하는 단어 중에 '드림 브로커dream-broker'라는 말이 있는 것도 같은 이유다. 누구나 마음속에 갖고 있는 '(개인, 사회) 변화에 대한 꿈', '불우한 사람들에 대한 자선의 마음', '특정 분야, 특정 계층에 대해 보답하고자 하는 마음'을 찾아내고 그 마음과 꿈이 실현되도록 하는 사업 또는 단체를 연결해 주는 사람이란 뜻이다.

본인이 제안을 하려고 한다면, 제안서를 쓰려 한다면 스스로에게 물어보라. 지금 내가 쓴 제안서에는 그런 내용이 들어 있는가? 내 제안을 받으려는 사람과 '연결되는' 요소가 있는가? 있다면 몇 가지가 있고, 그중에 기꺼이 기부하게 하는 강력한 요소가 세 가지 이상 있는가? 만약 이 질문들에 제대로 대답하지 못한다면 여러분이 쓰려고 하는 것은 개인적인 수필이지, 제안서가 아니다.

제안은 질이 아닌 양의 게임

결국 많은 제안 속에서 성공이 탄생한다

"우선 요청해 보라 해서 해 봤는데 성과가 없어서 그만두려고 해요."

단체 K의 대표가 한 말이었다. 그래서, "고생하셨다. 처음에는 쉽지 않을 수 있는데 그래도 해 보신 것이 어디냐. 그런데, 몇 명을 만나신 거냐?"라고 물으니 "두 군데에 요청했는데 전부 관심 없다고 하더군요. 이게 쉽지 않은 일인가 봅니다. 바쁜 일도 있고 해서 그만하려고 합니다"라고 답했다. 한 달 동안 겨우 두 군데 요청을 하고 안된다, 그래서 포기한다? 아니 그럼 세상 사람들이 전부 자신의 요청을 기다리고 있을 거라고 생각했느냐, 하는 말이 목구멍까지 나왔지만 참았다.

모금에 대해 고민하는 단체들을 만나 보면 모금이 안되는 이유는 크게 두 가지로 나뉜다. 제안을 별로 하지 않는 것과 제안을 하는데 잘못 하는 것. 전자가 80% 이상이다. 실제로 단체들은 모금 요청을 하지 않는다. 진짜다. 기부를 바라지만 모금 활동은 거의 하지 않고, 모금 활동을 하지 않으면서 모금이 안된다고 한다. 모금 요청을 일주일에 1회도 하지 않고, SNS 등 인터넷에 모금 관련 글을 한 달에 한 번도 업로드 하지 않는다. 전 세계 거의 모든 모금 전문가들이 말하는 성공하는 모금의 제 1 공식은 '요청하라'이다. 너무나 단순하고 기본적이라서 모금의 성공 원리라고 하기에 민망한 이 문장이 왜 제 1 공식이 되었을까? 제안을 해야만 모금이 된다는 것이 경험적으로 증명되었기에 그렇기도 하지만, 그만큼 단체들이 요청을 거의 하지 않는다는 사실 때문이기도 하지 아닐까? 복권 1등에 당첨되는 방법은 무엇일까? 바로 복권을 사는 것이다. 복권을 많이 살수록 확률은 올라간다. 수백억, 수천억 원을 모아야 하는 대규모 기관의 경우 제안의 질이 더 중요하겠지만, 소규모 단체는 제안의 양이 더 중요하다. "아무것도 하지 않으면 아무 일도 일어나지 않는다." 모금에 가장 적합한 말이다.

만약 특정 기간 동안 1,000만 원의 모금액을 목표로 삼았다면 10만 원씩 기부하는 100명을 모으면 된다. 제안을 받은 이들이 모두 기부하는 것은 아니니, 제안 성공률을 20%로 잡았을 때 총 500명에게 제안해야 한다는 결론이 나온다. 모금 제안의 핵심은 바로 이 500명에게 제안하는 것에 있다. 많은 단체들이 이 숫자를 채우지 않고 목표를 달성하는 비법을 묻는다. 그런 방법은 없다. 공부를 하지 않고 상위권 대학에 갈 수 없듯, 제안을 충분히 많이 하지 않고 모금이 달성되는 방법은 없다고 본다. 모금을 공부하고 제안 기술을 연마하면 이 500명이라는 숫자를 400명이나 300명으로 줄이는 방법을 습득할 수 있겠지만, 그것마저도 제안을 하지 않는다면 아무짝에도 쓸모없다.

모금은 요행이 아니다. 마라톤이나 등산에 가깝다. 고통스럽고 부담스럽지만 한 발 한 발 포기하지 않고 내딛을 때 정상에 이를 수 있다. 그래서 몇몇 모금 기관에서는 모금액을 목표로 삼지 않고 요청 횟수나 업로드(매체 노출) 횟수를 목표로 삼는다. 그리고 철저히 관리해 간다. 모금의 핵심

요청량 추산

목표액	1,000만 원
인당 기부액	10만 원
목표 기부자 수	100명
예상 성공률	20%
제안 대상자 수	500명
활동 기간	모금 기간 2개월 주 5일 모금 총 40일 활동
요청량	1일당 13회 요청 필요

을 잘 이해하고 있기 때문이다.

놀랍게도 이 요청량의 힘을 증명한 것은 사이비 모금 단체였다. 세상을 떠들썩하게 하고, 국민들에게 기부포비아를 심어 준 희대의 사기극을 벌인 '새희망씨앗'이 그 주인공이다. 3년간 무려 4만 9천 명에게 127억 원을 모금하여 사적으로 방탕하게 사용한 윤항성, 김길영, 박태준이란 사기꾼들의 소행에 치를 떨었지만, 우습게도 그들의 행적이 모금가들에게 시사하는 바가 매우 크다. 그들은 전국 21개 지점에 콜 센터를 차려 놓고 불법으로 확보한 전화번호를 통해 무작위로 후원 요청을 했다. 그들이 127억 원이라는 거금을 모금할 수 있었던 주요 이유가 바로 수백만 건의 '요청량'에 있었다.

모금은 농사처럼 정직한 작업이다. 뿌린 만큼 거둔다. 씨도 뿌리지 않으면서 소출이 적다고 불평해서는 곤란하다. 큰 모금 단체에서는 모금을 계획할 때 효율성 지표인 투자수익률^{ROI} * 을 따지고, 보다 높은 성공률을 위해 기량을 갈고 닦는다. 하지만 무엇보다 중요한 것은 우선 해 보는 것이다. 충분한 제안의 양이 달성될 때 비로소 성과가 나타나고, 기량이 향상되고, 자신감이 붙는다. 남의 돈을 받아 내는 것이 어찌 쉬울 수 있겠는가? 하지만 한 땀 한 땀 쉬지 않고 해 나가는 열정이 성공적인 제안을 만든다. 1억 원의 돈을 모금하려면 1억 원만큼의 땀을 흘려야만 가능하다는 얘기가 있는데 이에 전적으로 동감한다. 만약 1억 원만큼의 땀을 흘리지 않았다면 누군가 대신 흘려 줬거나 앞으로 그만큼을 흘려야 한다는 이야기이다. 다시 말해, 장차 갚아야 할 빚이다.

- 투자수익률(*return on investment*)은 투자금 대비 이익률을 말하는 것으로, 이익금을 투자금으로 나눈 비율이다. ROI가 1이라면 투자금과 이익금이 같다는 뜻이고, 1 이하라면 들어 온 기부금보다 모금비용을 많이 사용했다는 의미로 실질적인 모금 효과가 없다고 볼 수 있다.

제안은 문서가 아닌 과정

모금의 전 과정을 통제하고 성공의 필요충분조건을 설계해야 한다

유명한 병법서 《손자병법》에서 말하는 최고의 전략은 '싸우지 않고 이기는 것'이다. 월등한 군사 전력의 확보, 적을 굴복하게 하는 외교 전략 등을 활용해 전투라는 상호 피해가 발생하는 최후의 수단을 쓰지 않고 이기기 위해 노력하는 것이 최선의 전략이라고 규정한다.

제안도 마찬가지다. 최고의 제안은 굳이 제안서를 쓰지 않아도 되는 제안이다. 그래서 "최고의 제안서는 이미 기부하기로 약속이 된 후에 형식적으로 쓴 제안서"라는 말도 있다. 이런 '최고의 제안'에서 필요로 하는 것은 모금 단체의 인지도, 단체 대표자(또는 권유자)의 유명세와 네트워크, 차별화된 사업의 진행, 내부 모금 조직의 구성과 교육, 모금 지원시스템의 확보, 제안 전 로비활동 등이다. 이런 요인은 모금 외적인 부분으로 보이겠지만 향후 모금의 성공에 가장 큰 영향을 미치는 내용이다. 이런 것들을 갖추었을 때 어려운 과정이 축소되고 상대적으로 쉽게 모금에 성공할 수 있다.

싸우지 않고 이길 수 있는 길, 실무자들이 보다 쉽게 모금을 할 수 있는 길은 어쩌면 모금 제안 너머에 있다.

설립한 지 1년이 안 된 국제구호단체가 공중파 방송국에서 모금 방송을 진행한 적이 있다. 비록 준비가 부족해 그 결과는 좋지 않았지만 실무자가 다섯 명도 안되는 단체가 대형 모금 방송을 진행한 것은 불가능에 가까운 일이었다. 그래서 해당 대표자에게 물어보니 이 일을 가능케 하기 위해 여러 방면으로 노력했다며, 방송국 편집국장 출신 은퇴자를 단체의 이사로 영입하면서부터 모금 방송을 준비했다고 한다.

강원도 지역에 있는 한 복지시설은 열악한 운영 환경에서 모금의 필요성을 강하게 느꼈지만 비교적 젊은 운영자들, 그것도 지역에 연고가 없는 세 사람이 운영하는 시설의 특성상 모금 활동에 적극적일 수가 없었다. 모금 교육 과정에서 '지역을 잘 알고, 지역 유지들과 관계가 원만한 사람을 이사나 고문, 후원회원으로 모시라'는 배움을 실천하여 지역의 마당발인 가공식품 업체 대표를 고문으로 위촉하였다. 그 고문에게 열성을 다하여 진심 어린 조언을 구하면서 관계가 깊어졌고, 그 고문 역시 열심히 하는 젊은이들에게 매력을 느꼈다. 이후 고문이 평소 다니던 주변 사찰의 주지와 면담할 때 복지시설의 이야기를 꺼냈고, 그 자리에서 주지스님을 설득하여 4억 원의 큰 자금을 기부받았다.

확실한 권유자는 제안 성공의 보증수표다. 모금 제안의 신기한 점은, 같은 내용을 다른 사람이 부탁할 때는 관심도 안보이던 사람도, 자신이 무시할 수 없는 사람이 부탁하면 바로 받아들인다는 점이다. 제안 과정에서 성공에 기여하는 요인 중, 제안의 내용은 성공 기여율이 8%에 불과하지만 사람(권유자)은 55%를 차지한다. 그만큼 제안하는 사람이 누구냐는 중요하다.

단체 입장에서는 권유의 힘을 가진 영향력자를 확보하고 모금 활동에

제안을 성공으로 이끄는 요인

내용 8%

절차 37%

사람 55%

자료: 스튜어트 다이아몬드 지음, 김태훈 옮김, 《어떻게 원하는 것을 얻는가》, 에이트포인트, 2011.

참여시키는 일이야말로 '싸우지 않고 이기기' 위한 필요조건 1순위이다.

통상적으로 단체의 인지도가 높으면 모금은 더 잘된다. 월드비전과 지역의 작은 단체가 동일한 내용으로 모금 활동을 할 때 월드비전이 더 잘될 것이라는 얘기다. 자신의 돈이 더 잘 쓰일 것이라는 기대 심리, 그리고 기부금 전용 등의 위험이 덜할 것이라는 심리 때문에 크고 유명한 단체에 신뢰를 보낸다. 기부자 입장에서는 자신의 인지적 자원을 많이 쓰지 않고 휴리스틱heuristic•을 활용하는 것이다. 모금 활동에서 단체나 사업의 인지도는 그 자체로 기부의 판단 기준이 된다. 모금가 입장에서는 아무리 애를 써도 성과가 달라질 수밖에 없는 '넘사벽'인 것이다. 그래서 모금 활동 못지않게 단체와 사업의 '브랜드 전략'도 중요하다. 규모가 큰 단체는 단체의 생애주기와 상황에 맞추어 브랜드 전략을 연구하고 실행하고 있지만

• 휴리스틱(*heuristic*)은 선택과 관련된 고민을 쉽고 빠르게 해결하는, 즉 간편하고 신속하게 의사를 결정할 수 있도록 하는 방법을 말한다. 문제를 풀기 위한 단순한 단서나 규칙, 정보, 추론, 느낌을 뜻하기도 한다(출처: 한국심리학회 심리학용어사전, '휴리스틱').

작은 단체는 엄두를 내지 못하고 있다. 하지만 효율적이고 효과적인 모금을 원한다면 긴 안목으로 단체와 사업 브랜드를 만들고, 키우고, 유지해야 한다. 작은 단체들이 인지도와 신뢰도 높은 브랜드를 만들기 위한 방법으로는 '사업이나 활동, 프로그램, 조직문화 등에서의 차별점을 만드는 전략', '브랜드 요소가 되는 로고, 명칭, 상징물을 만드는 전략', '유명인을 모델로 두는 전략', '창의적인 단체, 사업 보고가 훌륭한 단체 등 독특한 정체성(아이덴티티identity)을 앞세우는 전략' 등이 있다.

제안서를 잘 쓰는 것은 사실 제안의 성공에 별로 큰 영향을 미치지 못한다. (물론, 오직 글의 내용만으로 평가하는 공모전 같은 상황에서는 잘 쓴 제안서가 매우 중요하다.) 제안은 변수가 많은 일련의 과정이기 때문에 관련된 사람도 많고, 다뤄야 하는 요인과 자원도 많다. 이러한 제안의 성공 요인을 이해하지 못하고 책상머리에만 앉아서 글을 쓰고, 폼 나는 제안서 디자인만 궁리한다면 실무자급 이상의 모금 전문가로 성장하기 어려울 수 있다.

제안에 대한 생각을 바꾸었다면 이제 본격적으로 모금 제안을 살펴보자. 지인과 만나서 일상적 대화를 나누다가 기부가 갑작스럽게 성사되는 특이한 경우가 아니라면 모금 제안은 크게 다음의 3단계로 진행된다: 제안 전 준비 - 제안 - 제안 후 작업.

어느 일이나 그렇겠지만 잘 준비된 제안은 성공 가능성이 높다. 하지만 현실에서는 그런 제안이 드물다. 무엇을 해야 할지 몰라 허둥대다가 정작 시일을 놓치기도 하고, 기존에 냈던 제안서를 조금 수정하는 선에서 마무리거나, 시간 제약이나 정보 부족 등으로 대상자의 특성이 반영되지 못한 어설픈 제안서를 제출하는 경우도 있다. 또한 제안을 하는 자리에서도 경험과 요령 부족으로 횡설수설하여 정작 준비한 것을 다 전달하지 못하는 경우도 허다하다. 제안 이후도 다음 제안을 위해 매우 중요한 시기인데 성취감 또는 패배감만 안고 그냥 흘려보내고 만다.

이 장에서는 제안 과정별 특성과 함께 준비해야 하는 것들을 살펴보고 제안의 성공을 위해서 각 과정마다 유용하게 쓸 수 있는 기술 몇 가지를 소개하고자 한다. 모금의 성과를 높이고 기부자의 만족감을 높여 주는 방법으로, 현장에서 검증된 기술이니 꽤 쓸모가 있을 것이다. 또한 모금 제안에서 반드시 발생할 수 있는 '거절'이라는 상황을 어떻게 다루어야 하는지도 이야기할 것이다.

제안 전 작업

실제 제안이 이뤄지기 전에 해야 할 일은 크게 세 가지인데, 제안할 거리를 정리하고, 제안 대상자를 찾고 조사하며, 제안의 성공률을 높일 수 있는 밑밥(?)을 까는 것이다. 이 중 성공적인 제안에 가장 영향을 미치는 것은 제안 대상자에 대한 조사와 연구이다. '10이라는 지점까지 가는 여정에서 가장 오랜 시간을 들여야 하는 것은 1부터 2까지이다'라는 말처럼 잘된 준비는 그다음 작업의 시간을 줄여 주고, 전체 작업의 성공률을 높인다.

제안 항목 선정

단체가 금전적, 물적으로 필요로 하는 부분을 재정리하고 목록으로 만든다.● 각 사업별 진행 내용과 필요 금액, 사용 계획 등을 일목요연하게 정리하여 종합선물세트처럼 만들어 놓는다. 기부자에 따라서 맞춤형으로

● 부록 3 '모금 업무 서식 목록 및 배포처' 참고.

접근하기 위해서는 이른바 '팔 물건'이 다양해야 하기 때문이다. 이 목록에는 당장 필요 금액(프로젝트 진행비용 등)도 있어야 하지만 미래를 위해 준비할 금액(기금 종류)도 포함된다.

제안 항목에 맞는 대상자 탐색

다양한 경로를 통해서 제안 대상자 또는 기업을 정한다. 대상자는 특정인이나 기업이 될 수도 있고, 공통의 이해나 관심사를 가진 계층이나 집단이 될 수도 있다. 사업에 상관없이 관계성에 기반하여 기부가 가능한 사람(가족, 지인 등)과 해당 사업에 대해 관심과 관여도가 높은 사람(예: 아동 사업의 경우 주부층)으로 구분한다. 대상으로 선정된 집단이 가장 많이 모여 있거나 자주 이용하는 장소 또는 매체 등을 확인하면 대상자와 접촉할 수 있다.

제안 대상 개인을 탐색하는 방법

- 가족, 지인 등 개인 인맥을 통한 소개
- 기존 후원자 및 회원의 가족, 지인, 친구 접촉
- 이사회, 후원회, 직원, 자원봉사자의 가족과 지인 접촉
- 동종업계 교류 인사, 지인, 선후배 소개
- 해당 지역의 주요 인사 목록(학계, 종교계, 경제계, 법조계, 언론계 등) 작성
- 지역 내 고액 납세자 또는 은행 프라이빗 뱅킹private banking, PB서비스 이용자 소개
- 호의적 관계의 지인이 활동하는 SNS 커뮤니티(네이버 '밴드', 카카오톡 단체 채팅방, 페이스북 그룹 등) 초대
- 통장, 조합장 등 지역 내 빅마우스big mouth의 정보 확보
- 대학 동창회 명부 확보

- 지역 내 기부와 나눔 관련 수상자 리스트 검색
- 유사 단체, 사업, 프로그램의 SNS(페이스북, 인스타그램 등) 친구 추가
- 온라인 커뮤니티(카페, 블로그)의 운영자 및 회원 명단 확보
- 지역 내 사교 클럽, 스포츠 동호회 명단 확보
- 대형마트 문화센터 및 아파트 부녀회 리스트 확보
- 주요 선거 후보자의 홍보 리스트 공유
- 지역 내 집객시설(결혼식장, 야구장, 축구장, 전통시장 등) 관련 담당자 명단 확보
- 지역 자원 조사 전문기관 의뢰
- 지역신문 기자 및 주요 매체 관련 분야 전문기자 리스트 확보

제안 대상 기업을 탐색하는 방법

- 가족과 지인을 통한 소개
- 단체 내 이사회, 후원회 구성원을 통한 소개
- 종교단체 지도자를 통한 신도 중 기업인 소개
- 상공회의소 온라인 포털 사이트 검색
- 기업 연감, 업종 편람, 협회 명부 확보
- 기업의 연합단체(예: 상공회의소, 중소기업협회, 치과병원협의회 등)와의 사업 MOU 등을 통한 연결
- 각 업계/업종/산업의 고객 협력사 모임 참석 및 명부 확보
- 단체에 기업 인사를 강의, 축제 참여 등으로 초대
- 기존 관계있는 기업을 통해서 연결
- 기업 담당자들의 학업(대학 최고경영자 과정 등), 취미, 사교, 사회 활동에 동참
- 특정 기업들과 인맥 또는 사업 경험을 가진 인사의 영입
- 타 단체 기업 모금 담당자 스카우트

제안 대상자 분석

대상자(기업)의 기부 성향, 선호 사업, 영향력자, 의사결정권자, 이전 기부 행동 등, 기부 결정 행동에 영향을 미칠 수 있는 사항을 조사하거나 유추한다. 직접 만날 수 있다면 만나고 SNS나 홈페이지, 포털 사이트 정보 탐색, 입소문, 지인 면담 등을 통해서 충분한 자료를 구한다. 제안 과정에서 대상자에게 힘을 써 줄 수 있는 연결자(영향력자)가 있는지 확인하고, 없다면 확보하도록 한다.

제안 항목 재선정 및 연구

많은 제안이 실패로 돌아가는 것은 대상자에게 적합하지 않은 내용을 제안했기 때문이다. 제안 대상자에게 가장 적합하고 제안 성공 가능성이 높은 사업을 고르는 것이 제안에서 매우 중요하다. 제안할 항목이 한 개여서는 곤란하다. 두세 개 정도의 대안도 함께 준비해야 한다.

제안할 항목(사업, 프로그램, 기금 등)에 대한 세밀한 연구와 자료 조사는 대상자가 선정된 후에도 여러 번 다시 진행하는 것이 좋다. 왜냐하면 같은 프로그램이라도, 대상자를 염두에 두고 면밀히 살펴보면 대상자에게 매력적으로 보일 만한 요소를 찾아내기 쉽기 때문이다. 방법으로는 프로그램 담당자 면담, 관련 논문 및 기사 검색, 전문가 인터뷰, 수혜 대상자 조사 등이 있다. 모금 제안이라는 활동을 전제로 살펴보면, 잘 알고 있다고 생각하는 프로그램이나 사업, 수혜자에게서도 전혀 다른 매력과 콘텐츠를 발견할 수 있다.

세 가지 제안 방식

요청하는 내용과 대상자의 특성에 따라 요청의 프로세스가 달라지기도 한다. 제안 항목 선정, 대상자 선정 중 무엇을 먼저 할 것인가로 구분된다.

• 먼저 제안할 항목을 설정한 후 거기에 적합한 대상자를 찾아 자금을 요청하는 방식.
• (잠재) 대상자를 먼저 설정한 후 대상자에게 맞는 제안 항목을 선정하여 제안하는 방식.
• 대상자를 먼저 선정한 후 대상자와 함께 사업을 공동 기획하고 각자의 역할을 나누어 진행하는 방식(대상자와 신뢰가 형성된 경우).

제안 전 작업에서 사용 가능한 기술 4가지

▎ 먼저 듣기: 공략 포인트를 찾아내기

> 사례

교육청의 의뢰를 받아, 사회적 지위와 재력을 가진 학교 교장들이 참여할 수 있는 기부 포맷을 준비 중이었다. 모금가 K는 교육감에게 하는 최종 제안 전, 초안을 만들어 교육감의 비서관과 먼저 만나기로 하였다. 초안에 대한 비서관의 반응은 영 시원찮았다.

회의를 시작한 지 5분도 되지 않아 모금가는 준비해 간 초안을 밀고 나가는 것을 포기했다. 대신 비서관에게 교장들의 특성과 교장들이 기부 참여에 대해 어떻게 생각하는지를 물어보았다. 논의가 아닌 제안을 받는 자리라고 생각했던 비서관은 처음에 마땅한 대답을 하지 못했다. 하지만 이런 저런 이야기를 나누며 10분 이상 대화를 지속하니 비로소 교장들이 대체로 어떤 사람들이고 어디를 자극하면 공익 활동에 동참하는지를 술술 얘기하기 시작했다. 회의가 끝난 후 비서관과 나눈 이야기를 토대로 제안서를 다시 썼고, 최종적으로 교육감을 상대로 한 제안에서 성공할 수 있었다.

많은 이들이 제안은 자신의 이야기를 하는 것이라고 생각한다. 하지만 제안은 듣는 것에 더 가깝다. 앞서 말한 '기부자가 쓴 제안서가 최고의 제안서'라는 말도 사실 '제안 대상자의 이야기를 들어라'와 다름없다.

상대를 만나는 횟수가 많으면 많을수록, 상대의 이야기를 잘 들으면 들을수록 제안이 성공할 확률은 올라간다. 직접 만날 수 없다면 상대를 잘 아는 주변 사람에게 묻든, 인터넷과 SNS를 찾아보든 그가 가진 생각을 '들어야' 한다.

질문을 통해 한 발 한 발 그들의 생각에 다가서고, 그 생각의 어느 부분을 잡아서 우리의 내용과 연결하려는 전략을 머릿속에 그려야 한다. 듣기를 통해 정보를 획득하는 것이지만, 역으로 정보가 있어야 잘 들을 수 있기도 하다. 대화를 잘 진행하기 위해서는 대상자의 고민이나 관심사를 알고 접근해야 한다. 그래서 사전 조사가 정말 필요한 것이다.

어느 정도 제안의 내용이 정리되거나, 제안서 초안이 작성되었을 때도 그들의 생각을 '듣는' 것은 아주 유용하다. 제안의 방향을 재설정할 수도 있고, 성실하고 열정적으로 준비한다는 인식을 줄 수 있으며, 전혀 모르고 있던 유용한 정보를 얻을 수도 있다.

2번 전화하고 1번 만나되, 20분 이상 만나라

누군가의 기부를 받고 싶다면, 또는 어떤 기관이나 기업의 공모전에 우리의 안을 채택되게 하고 싶다면, 사전에 담당자에게 두 번 이상 전화해 우리를 알리거나 궁금한 점을 묻고, 최소한 한 번을 만나되 만났을 때 20분 이상 대화해 보라. 20분 이상 이야기해야 하는 것은, 아무래도 잘 모르는 사람에게 처음부터 많은 이야기를 털어놓기 쉽지 않기 때문이다. 어느 정도의 시간이 흐른 후에야 속마음이나 고급 정보를 알려 주는 경향이 있으니, 처음의 부자연스러운 상황을 잘 참아 내고 어떻게든 오랜 시간 동안 대화를 유지하라는 이야기다. 이러한 과정을 통해 제안자는 어떤 부분을 강조하고 어떤 부분을 보완해야 하는지 알 수 있고, 제안서에 들어갈 제안의 콘셉트를 도출할 수 있다.

▌줄 것 만들기: 교환가치 극대화하기

앞 장에서, 제안은 '거래'이기에 교환할 수 있는 가치가 클수록 좋다고 했다. 그런데 공익 단체인 우리가 쓸 수 있는 카드가 별로 없다면 어떨까? 상대방이 원하는 가치를 단체가 직접 가지지 못했을 때 외부에서 그 가치를 적극적으로 찾고 발굴하여 제공하는 기술이 필요하다. 우리에게는 없지만 누군가는 갖고 있을 수도 있고, 그 누군가는 우리가 가진 어떤 것을 원할 수도 있으니까 말이다. 이때 필요한 것이 바로 '가치 연계'라는 기술이다.

얼마 전 한 SNS에서 화제가 되었던 우스개 하나를 보면, 두 손에 아무것도 가진 것이 없는 단체가 외부의 가치를 연계하여 어떻게 교환가치를 만들어 낼 수 있는가에 힌트를 준다.

> **아빠** 넌 내가 정해 주는 여자랑 결혼하도록 해라.
> **아들** 싫어요!
> **아빠** 그 여자는 빌 게이츠의 딸이란다.
> **아들** 그럼 좋아요.

〔아빠가 빌 게이츠를 찾아간다.〕

아빠 당신 딸과 내 아들을 결혼시킵시다.

빌 게이츠 싫소!

아빠 내 아들은 젊은 나이에 월드뱅크의 CEO요.

빌 게이츠 그럼 좋소.

〔아빠가 월드뱅크 회장을 찾아간다.〕

아빠 내 아들을 월드뱅크의 CEO로 임명하시오.

월드뱅크 회장 미쳤소?

아빠 내 아들은 빌 게이츠의 사위요.

월드뱅크 회장 그럼 좋소.

사기성(?)이 농후한 이 이야기를 시대착오적 우스개로 넘기기에는 중요한 지혜가 담겨 있다.

많은 단체들은 기업의 홍보 요구에 골머리를 앓는다. 자체적인 홍보 역량도 없고, 가용할 만한 매체도, 자금도 없는데 기업의 홍보 요구를 채워준다는 것은 먼 나라 이야기이고, 대형 단체만 가능하다고 생각한다. 물론 어려운 일이다. 하지만 불가능하지는 않다. 위의 이야기와 거의 유사한, '봉이 김선달' 사례가 현실에 존재한다.

사 례

단체 A는 대형 유통회사에 공익 캠페인을 제안했다. 하지만 유통회사 사회공헌 담당자의 반응은 미적지근하였다. 피드백을 받아 보니 이유인즉, 제안의 내용은 좋지만 단체 A가 창립한 지 오래되지 않아 아직 사람들에게 알려지지 않았기 때문에 공동 캠페인을 하더라도 홍보 효과가 별로 없을 것 같다는 판단이었다. (많은 단체들은 여기에서 어쩔 수 없는 절망감을 느끼고 포기한다.)

하지만 단체 A는 포기하지 않고 "홍보 효과만 확실하다면 캠페인을 같이 하고, 그 캠페인 비용을 부담해 줄 수 있느냐"고 물었고, 만약 그렇게 된다면 긍정적으로 검토하겠다는 답변을 받아냈다.

그 길로 단체 A는 S 방송국을 찾아가 '공익 캠페인 특별 프로그램 제작 및 방영'을 제안하였다. 방송국 PD 역시 시큰둥한 반응이었다. 그래서 단체 A는 '제작비 제공'이라는 카드를 꺼냈다. 사실 S 방송국에서는 방송위원회 인가 심사 때문에 공익 활동을 적극적으로 해야 하는 입장이었지만 PD의 인사고과와 제작국 운영 원칙에 '자체 제작비 확보'가 있었기에 무료 방송 제작에 관심이 덜하다는 것을 알고 있었기 때문이다. (물론 그 제작비는 유통회사에서 받을 협찬금 중의 일부였다.) 제작비 지원을 대가로 단체 A는 S방송국에 몇 가지 요청을 하였다.

① 총 30회의 캠페인 스팟 광고의 제작 및 송출(스폰서 기업의 로고 삽입)
② 총 15회의 라디오 스팟 광고 진행(스폰서 기업명 거론)
③ 특집 프로그램 방송 시 기업의 CEO 인터뷰
④ 특집 프로그램 방송 시 클로징 자막 광고 게재
⑤ 프로그램 제작 관련 미팅에 기업 담당자 참석(매체 네트워크 형성 지원)
⑥ 방송사 홈페이지 프로그램 소개 메뉴에 스폰서 기업 로고 게재
⑦ PPL●로 공익 캠페인 현장에서 후원업체 로고 노출

어차피 좋은 공익 캠페인을 하는 만큼, 기본적인 제작비 제공이 전제된다면 S 방송국에서도 이 정도는 적극적으로 지원할 생각을 가지고 있었기에 제안을 받아들였다.

단체 A는 S 방송국과의 협상을 마친 후 정부기관에 찾아갔다. 그리고 당일 캠페인 행사에 장관의 참석을 요청하였다. 정부 관계자는 이름도 들어 보지 못한 단체의 요청을 일언지하에 거절했다. 하지만 이 캠페인이 방송 프로그램으로 제작되고, 장관이 원한다면 방송에 출연할 수 있다는 얘기를 듣고 생각이 달라

● PPL(*product placement*)이란 영상 산업의 규모가 대형화되고 정교해지면서 등장한 마케팅 전략의 하나로, 영화, 드라마 등에 자사의 특정 제품을 등장시켜 홍보하는 것을 말한다(출처: 매일경제용어사전, 'PPL').

졌다. 단체 A가 장관을 찾아간 이유는 유통회사 CEO가 자신의 홈페이지를 별도로 운영하고 있을 정도로 PI(personal identity) 관리에 힘을 쓴다는 것을 알게 되었기 때문이다. 장관과 관계를 맺을 수 있는 기회를 CEO의 이미지를 상당히 향상시킬 수 있는 가치로 본 것이다.

단체 A는 공익 캠페인의 콘텐츠 중 하나인 '패션쇼'에 유명 모델이 오면 더 풍성해질 것으로 보고, 담당자 지인을 통하여 섭외를 시도하였다. 모델들에게 아직 인지도가 부족한 단체이지만, 공익 활동 참여라는 스펙 확보와 대형 방송사의 생방송 프로그램에 출현할 수 있다는 이익, 그리고 자신이 따르는 선배 모델의 권유로 몇 명의 A급 모델들이 참여를 약속했다.

또 단체 A는 패션쇼 의상을 별도 제작하기 위해 모 대학 교수를 찾아갔고, 그 교수가 지도하고 있는 디자인과 대학원생들을 좋은 경험과 실적이 될 수 있다는 말로 설득하여 수십 벌의 의상 디자인, 그리고 행사 당일의 코디 운영까지 확보하였다.

단체 A는 방송국과의 협상 내용과 장관의 참석, A급 모델들의 참여, 대학의 지원이라는 카드를 가지고 다시 유통회사를 찾아갔다. 찾아갈 때는 방송국에서 받아 낸 광고와 프로그램 송출을 금액으로 환산하여 그 홍보 효과를 측정하여 가지고 갔다. 스폰서 요청 금액을 몇 배 상회하는 홍보 효과는 기업 담당자의 마음을 충분히 흔들었고, 하루가 되기 전에 캠페인 진행 및 후원이 결정되었다.

단체 A의 가치 연계

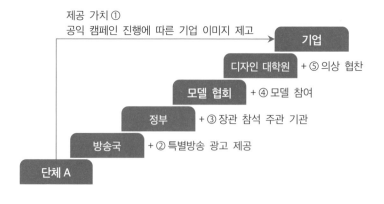

제공 가치 ①
공익 캠페인 진행에 따른 기업 이미지 제고

기업

디자인 대학원 + ⑤ 의상 협찬

모델 협회 + ④ 모델 참여

정부 + ③ 장관 참석 주관 기관

방송국 + ② 특별방송 광고 제공

단체 A

어떤가? 앞에서 본 우스개와 크게 다르지 않지 않은가? 이 내용은 실제 있었던 사례이다. 제안의 핵심은 기부자가 원하는 가치를 만들어 내는 데 있다. 가치의 거래 관계에서 우수한 가치는 곧바로 기부금으로 변환된다. 모금을 할 때 제안자로서 기부자에게 제시할 가치를 충분히 만들어 가지고 있는가? 모금을 기획할 때 우리가 기부자에게 줄 것이 무엇인가를 고민하고 있는가? 받는 만큼의 감동을 우리도 어떻게 전해 줄 수 있을까?

어떤 형태로든 가치의 교환은 이루어지니 모금가 입장에서는 가치를 만들고 향상시키는 능력을 갖추어야 한다. 핵심은 '그냥 받는다'가 아니라 '주고받는다'는 태도이다. 우리가 줄 것을 만들어야 한다는 자세이다.

▎판(밑밥) 깔기: 우호적 환경 조성하기

제안은 단순히 우리 내용만 잘 설명한다고 되는 것이 아니다. 그렇기에 대상자가 '어쩔 수 없이' 기부할 만한 상황과 조건을 만들어 내기 위한 전략이 필요하다. 여기에는 영향력 있는 권유자의 확보, 적절한 제안 타이밍과 장소의 선정, 신뢰를 위한 관계 만들기, 긍정적인 정보 흘리기 등이 있다.

> **사례**
>
> A 지역아동센터는 센터 주변 상점들에게 모금을 하기로 하였다. 하지만 주변 상점을 가끔 이용하기만 해서 상점 주인들과는 인사도 제대로 안 한 관계이다. 이런 상황에서 갑자기 기부해 달라 하면 부담이 클 것 같아 다른 방법을 생각해 냈다. 바로 센터 아이들과 '지역 내 직업 체험 프로그램'을 진행하기로 했다. 먼저 상점에 가 아이들이 '미래 직업을 모색하기 위해 지역 상점을 돌아다니면서 사장님들을 인터뷰하고 그 결과를 공유하겠다'고 했다. 실제 그렇게 진행한 후 인터뷰 내용을 잘 정리해서 간략한 탐사 보고서 형태로 만들었고, 함께 찍은 사진을 액자로

만든 후 재차 방문하여 감사의 인사를 전했다. 그 뒤로도 상점을 지나가면서 센터 직원들과 아이들이 인사를 하고 다녔다. 시간이 흘러 이제는 웃으며 인사하는 사이가 되었고, 그중에 센터의 운영과 아이들에게 관심을 가진 사장님들도 생겨나자 아동센터의 센터장은 모금에 나섰다. 실제 인터뷰했던 모든 상점들에게서 100% 정기 기부를 받아냈고, 덤으로 상점에서 파는 물건들을 연간 몇 회씩 제공해 주겠다는 약속도 받았다.

지역 내 전통시장 상인들이나 소상공인들과도 이 사례와 유사하게 관계 만들기를 할 수 있을 것이다. ① 상인회장 면담, ② 아이들의 시장 청소 봉사 제안, ③ 상인의 직업체험 참여, ④ 행복상자(아이들이 꾸린 감사 선물) 프로젝트, ⑤ 상인회 교육 시 센터/사업 소개, ⑥ 상인 1인 - 아동 1명 결연 사업 제안 등으로 풀어 나간다면 많은 상인 후원자를 확보할 수 있을 것이다.

사례

기관 B에서는 평소에 페이스북 페이지를 지속적으로 운영하였다. SNS의 장점을 살려 기관이 최근에 어떤 사업을 하고 있는지에 대해 꾸준히 포스팅했고, 다양한 관점에서 그 사업을 홍보해 왔다. 하지만 반응은 별로 없었다. '좋아요'를 많이 받는 것도 아니었고 댓글도 많지 않았다. 하지만 일기 쓰듯 꾸준히 글을 업로드 하였고, '친구'나 '팔로워'들이 좋아할 만한 다양한 정보와 유머, 진솔한 직원들의 고민 이야기 등을 지속적으로 업로드 하였다. 이후 기관 B에서 모금 활동을 시작했을 때 알게 된 놀라운 사실은, 주변의 많은 사람들이 기관의 사업을 알고 있더라는 점이었다. 그 정보원은 페이스북 페이지였다. 비록 반응('좋아요'와 댓글)은 없었지만 SNS상의 활발한 활동으로 기관의 활동 소식을 이미 접하고 있었던 것이다. "아, 페이스북에서 봤어요. 좋은 일 하시던데 그거네요"라면서 반갑게 얘기해 주는 대상자들 덕분에 많은 설명을 하지 않고서도 모금을 성공적으로 마칠 수 있었다.

이 사례도 일종의 제안 전 작업이다. 단체와 사업에 대한 긍정적 정보를 평소에 잘 노출시켜 둠으로써 모금 과정에서 에너지를 절약하면서도 목표를 달성할 수 있었던 것이다.

모금 활동에 앞서 잠재 기부자 그룹과 관계를 맺는 방법을 찾아 실행하고, 사전에 그들에게 우리가 하는 사업에 대한 정보를 미리 전달하는 것은 일종의 사전 정지整地 작업이다.

사례

천연 재료로 만든 화장품을 파는 한 회사는 자신들의 광고를 시작하기 전에 신문사의 기획기사를 후원하였다. 기획기사는 '환경오염으로 인한 다양한 피부 질환 유행'과 '환경호르몬이 검출된 화장품의 부작용'에 대한 것이었다. 이 기사가 나간 후 많은 이들이 인공 재료나 화학 약품이 함유된 화장품에 대해 공포심을 느꼈고, 그 논란이 가장 극에 달한 시기에 회사는 제품 광고를 내보냈다.

이 사례와 유사한 일이 공익 활동 분야에서도 있었다.

사례

공모사업에 응모한 한 단체는 자신들의 제안 내용을 소개하면서 신문을 하나 꺼내 들었다. 심사 당일 발행된 유력 일간지였는데 단체와 단체 대표자의 기사가 실려 있었다. 특히 제안 내용과 관계된 활동에 대해 매우 가치 있다는 평가를 내리는 사회 저명인사들의 인터뷰도 같이 실려 있는 기사였다. 심사위원들의 신뢰도는 올라갔고, 결국 그 기업이 해당 공모 심사에서 채택될 수 있었다.

이 사례는 우연이 아니라 사전에 철저히 준비된 전략의 결과였다. 《손자병법》에서 말하는, 싸우기 전에 이기는 전략을 구사한 것이다. 모금 제안에서도 이러한 방법은 유효하다.

█ 주문과 암시: 마음 가볍게 제안하기

제안을 앞둔 모금가는 두 가지의 감정에 힘들어 한다. 제안에 대한 부담감, 그리고 거절에 대한 두려움.

부담감은 왜 생기는 것일까? 사람마다 그 이유는 제각각이겠지만 남에게 부담을 줘야 한다는 것에 대한 부담감, 성공해야 한다는 압박감, 낯선 사람과 이야기를 나눠야 한다는 불편함, 경험 부족에서 오는 두려움 등이 있을 것이다. 정도의 차이야 있겠지만 누구나 다 그렇다. 수천 번 공연을 올린 세계 최고의 소프라노 조수미 씨조차 무대에 올라가기 전 무척 떨리고 긴장되어 정신이 없다고 하지 않는가? 부담감은 모금의 과정에 함께하는 친구 같은 존재이다. 이것을 잘 다루지 못하면 그 다음은 없다. 어떻게든 부담을 이겨 내고 가벼워져야 한다. 마음속으로 '가볍자, 가볍자' 한다고 해서 가벼워지는 것은 아니겠지만, 이겨내기 위한 자신만의 방법을 만들어 노력해야 한다. 제안 시작 전에 마음을 편안히 하고, 오롯이 모금이라는 과제에 집중할 수 있는 자신만의 노하우를 개발하고 그것을 자신의 것으로 만들어야 한다.

개인적으로 만든 주문(?) 같은 것이 있다. 자기 암시의 방법인데 제안 전에 속으로 되뇔 때 마음도 편안해지고, 잘해 보자는 도전 의식이 생겨나는 효과도 있다.

"괜찮다. 내 돈 아니다."

그렇다. 나를 위한 돈을 부탁하는 것이 아니다. 공익을 위한 돈이다. 다시 말해, 내가 아닌 우리 모두를 위한 돈이다. 내 돈이 아니니 그렇게 긴장할 필요는 없다.

"괜찮다. 어차피 어려운 일이다."

전문가의 평균 성공률이 20%라면 이것은 정말 쉽지 않은 일이다. 쉬워 보이는데 해 보니 어려워 낙담하는 것이 아니라, 원래부터 어려운 일이라고 알았는데 해서 되면 기쁜 것이다. 원래 어렵다고 처음부터 기대감을 낮춰 잡으면 마음이 조금 편해진다.

"괜찮다. 안 때린다."

모금을 하면서 만나는 최악의 상황은 'NO'라고 한다. 내게 해코지를 하거나 심한 모욕을 하는 경우는 거의 없다. 그 'NO'라는 말 한마디가 그렇게 센 것이던가? 별것 아니라고 생각하면 별것이 아니게 된다.

"괜찮다. 이유가 있을 것이다."

모든 인간은 어떤 판단을 내릴 때 자신만의 이유를 가지고 있다. 그것은 때때로 우스울 정도로 사소할 수도 있고, 인생관에 관련되어 있을 수도 있다. '모금가는 거절하는 사람을 존중해야 한다'라는 말이 있다. 모금가는 자칫 스스로 하는 일에 너무 큰 가치를 부여한 나머지, 그 제안에 참여하지 않는 이들을 이해하지 못하고 마음속으로 힐난하기도 한다. 내 제안을 들어주지 않았다고 해서 그 사람이 나쁜 사람인 것은 아니다. 나름의 이유가 있지만 그것을 나에게 말하지 않을 뿐이다. 그를 있는 그대로 받아들여야 한다.

"괜찮다. 말이나 해 보자. 안되면 말고."

제안을 승낙하고 거절하는 것은 그 사람의 인생이다. 왜 그런 결정을 하는지는 그 사람이 아닌 이상 알 수가 없다. 그래서 내 역할은 그냥 제안해 보는 것이다. 안되면 어쩔 수 없다. 세상일이 다 그런 것 아니던가? 요청은 내 인생이고, 승낙 여부는 그 사람 인생이다. '내 인생만 열심히 살자'라는 정신이 모금가에게 중요하다. 가볍게 제안하라. 이 제안을 받아들이지 않으면 세상이 결단날 것처럼 들이대지 말고, 해도 그만 안 해도 그만인 일처럼 다가가라. (실제 대화의 태도가 아닌, 마음속 자세를 말하는 것이다.)

실전 제안

본격적인 제안 과정에는 두 가지의 활동이 있다: 제안서 작성과 제안. 제안서 작성을 '제안 전 준비'로 볼 수 있겠지만 작성 시점부터 본격적으로 제안에 돌입했다고 할 수 있기에 '실전 제안' 과정에 포함시켰다. 이 과정은 의외로 준비된 내용들을 잘 엮고, 펼치기만 하면 되는 경우가 많다. 그만큼 사전 단계가 매우 중요하다는 것을 거듭 말하고 싶다.

제안 콘셉트 및 메시지 구상과 제안서 작성

제안 대상자가 정해지면 대상자를 분석한 내용에 따라 제안서를 작성하게 된다. 제안의 대상자에게 어필할 만한 사업의 차별점이나 신뢰를 높이는 단체의 특성, 매력적인 기부자 이익과 참여 이익을 찾아내거나 가공한다. 제안서는 문서 형태일 수도 있고, 리플릿이나 온라인 포스팅일 수도 있다. 제안서는 개인 한 명이 작성할 수도 있지만 규모가 크거나 내용이 복잡한 제안일 경우 팀을 이뤄서 작성하기도 한다. 드물지만 외부 전문가나 전문 기업에 의뢰하여 작성하기도 한다.

면담 신청과 제안

만나야 뭔가 이루어진다. (온라인상에서는 업로드 한 후 대상자들에게 노출되어야 이루어진다.) 내·외부 인맥을 활용하든지, 무작정 돌격하든지 면담을 요청해야 한다. 이 과정이 쉽지는 않겠지만, 면담 요청이 받아들여져야 비로소 면담 준비를 시작할 수 있다. 면담의 장소와 면담 시간에 맞춰 모든 것을 역순으로 준비한다. 당일 가져갈 자료로는 제안서, 기관/사업 소개서 및 소개 영상, 첨부 자료, 면담 선물(꽃 등), 면담 스크립트script(대본) 등이 있다. 노트북, 휴대용 스크린, 포인터 등의 하드웨어도 준비해야 하고, 방문자의 구성도 신경 써야 한다. 제안자와 급을 맞출 수 있는 단체 내부 인사와 기부 결정에 영향을 줄 수 있는 조력자 등으로 구성하되, 방문자수 역시 고려해야 한다. 면담이 편하게 이야기를 나누는 자리인지, 발표 형태의 프레젠테이션을 준비해야 하는 자리인지도 살펴야 한다.

방문 후 권유가 시작되면 사실 무슨 말을 먼저 해야 할지 난감할 때가 있다. 이 경우 말의 시작 단서가 될 수 있는 물건(선물)이나 시사 이슈, 주제를 미리 준비해 가면 좋다. 정 없다면 주변 잡기(사무실)에 대한 이야기(스몰 토크small talk)부터 시작하면 좋다. 물론 면담에 대한 감사 인사가 먼저다. 무엇이 되었든 딱딱하고 서먹한 분위기를 해소하지 않고 바로 업무 이야기로 들어가는 것은 위험하다.

대면 제안은 작성된 제안서를 단순히 전달하거나, 읽어 주면서 설명하는 것에서 그치지 않는다. 열심히 준비한 제안의 내용을 실수 없이 효과적으로 전달해야 하는 것은 물론이고, 만남을 통해 호감과 신뢰를 획득하여 제안을 긍정적으로 평가하게 해, 결국 기부할 수 있게 유도하는 시간이다.

이를 위해서는 일어날 수 있는 모든 상황을 예측하여, 만나는 순간부터 마지막 나오는 순간까지 예절에 어긋남이 없고 우호적 분위기로 제안이 완수될 수 있도록 최선을 다해야 한다. 기업 임직원은 자신들의 조직문화와 비즈니스 환경에서 익숙한 기준과 관점으로 우리를 바라본다. 개인을 만날 때와 동일하겠지만 기업 대상자를 만날 때 특히 유의해야 할 점 몇 가지를 알아보자.

- **약속 시간 엄수**: 누구나, 언제나 그렇겠지만 약속 시간을 어기면 큰 실례이고 첫 단추를 잘못 끼우는 것이다. 제안이 끝나는 시간도 잘 맞춰야 한다. 예정한 시간을 가급적 준수하고, 넘길 경우는 예상 시간을 확인한 후 사전에 양해를 미리 구하는 것이 좋다.
- **제안자**: 위계질서가 비교적 명확한 기업의 속성상 제안자의 급과 수준을 제안 대상자와 맞춰야 한다.
- **제안자의 매너**: 비즈니스 매너에 익숙해져 있는 대상자들은 간혹 공익 단체 실무자의 지나치게 캐주얼한 복장과 자유스러운 태도를 보고 기겁한다. 그들의 눈에는 매너와 예의가 없는 아마추어로 보일 수 있다.
- **제안 시 태도와 자세**: 무언가를 부탁하러 갔다는 생각에 저자세로 임하다 보면 갑을 관계가 되기 쉽다. 정반대로, 오히려 '우리는 좋은 일을 하고 당신들은 이른바 영리 장사하는 사람들이지 않느냐. 사회에 진 빚이 있으니 당연히 도와야 된다'는 식으로 접근하는 이들도 있다. 둘 다 정답이 아니다. 당당하지만 겸손할 필요가 있다. 너무 여유로워도, 너무 긴장해도 곤란하다. 필요한 말만 하고 나머지는 최대한 경청하는 자세도 필요하다. 이야기하는 내용을 수첩에 받아 적는 것은 호감을 얻을 수 있는 태도이다.

제안 작업에서 사용 가능한 기술 7가지

▍호감과 흥미 얻기: 의외성으로 사람 사로잡기

뭐든 시작이 반이다. 제안에서도 그렇다. 제안은 초반전에 호감과 흥미를 뺏느냐 뺏기느냐 하는 긴장감이 도는데, 씨름으로 치면 샅바 싸움이 치열하게 전개된다. 제안 대상자를 만났을 때 우호적인 첫인상을 만들고, 제안 내용에 대한 수용도를 높이기 위해 현장의 분위기를 조성하는 방법들이 있다.

부드럽고 우호적인 분위기를 만드는 스몰 토크

제안 현장에서 가벼운 스몰 토크로 시작하는 것은 여러모로 이득이 많다. 유기농 수제 햄버거로 유명한 일본의 '모스 버거'에서는 들어오는 손님에게 반드시 말 한마디를 더 하게 되어 있다. 다른 패스트푸드점이나 옷가게에 가면 점원의 '영혼 없는 인사'를 들어 보았을 것이다. 그것도 한 직원이 하면 다른 직원들이 따라하면서 사람을 불편하게 만든다. 모스 버거에서는 그런 인사 외에 일상적이면서 개인적인 인사 하나를 덧붙인다. '안녕하세요 모스 버거입니다'에, '얼른 들어오세요, 날씨가 참 춥죠'라는 인사를 덧붙이는 식이다. 이 짧은 인사가 주는 역할은 상상보다 크다. 우선 형식적인 분위기를 탈피하여 사적인 관계를 형성하는 데 도움이 되고, 친밀한 분위기를 만들어 낸다. 또한 상대를 생각하고 있다는 인식을 심어 주어 고객을 편안하게 만들고 기업에 대한 우호적 이미지와 충성도를 갖게 하는 것이다.

제안 현장에서도 그러한 가벼운 스몰 토크로 시작하고, 그들과 정서적 교류를 하려고 진지하게 노력하라. 맞장구쳐 주고, 고개를 끄덕여 주고, 같이 웃어 주는 과정에서 호감이 생겨나고 제안이 받아들여지는 데 좋은 조건을 만들어 낼 수 있다. 일상적인 대화를 잘 이끌어 나가는 것이 얼마나 중요한지 알려 주는 일화가 있다.

모금 업계에서 소문난 제안가 C 씨가 미국에서 모금할 때 이야기이다. 은퇴하여 LA 교외의 저택에서 살던 S 씨는 자수성가하여 '아메리칸 드림'을 성취한 사람이었다. S 씨에게 비교적 큰 금액의 기부금을 요청할 생각이었던 C 씨는 우선 S 씨에 대한 조사부터 시작했다. 조사하는 중에 거의 10여 년 전 지역신문과 인터뷰한 자료를 찾아냈고, 자료에서 S 씨가 어떤 꽃을 매우 사랑하고 자연과 흙에 대한 애정이 매우 깊다는 것을 발견했다. C 씨는 여러 통로를 통해서 어렵사리 S 씨와 연락이 닿았고, 직접 방문하기로 약속을 정했다. 방문 선물로 그 특정한 꽃을 사가려 하였으나 하필 계절이 지나 구하기 힘들었다. 그래서 옆 주(州)에서 별도로 주문했어야 했다.

만반의 준비를 마치고 제안서를 들고 교외의 저택으로 찾아간 C 씨를 맞이한 S 씨는 꽃 선물을 보고 놀라는 표정이었다. S 씨는 대화가 시작되기 전에 이렇게 물었다. "이 꽃은 지금 계절에 이 근처에서 구하기 어려웠을 텐데요." "아, 몇 년 전 신문 인터뷰에서 이 꽃을 좋아하신다는 기사를 보고 옆 주에서 구했습니다. 마음에 드시길 바랍니다." S 씨는 그 꽃을 보면서 "지금은 이 꽃을 그렇게 좋아하지는 않는데 …"라고 했지만 싫지만은 않은 표정이었다. 이후 S 씨는 C 씨가 찾아 온 용건을 듣기보다는 다른 질문을 하였다. "C 군은 식물을 키워 본 적 있나요?" "네, 저는 도시에서 자라서 직접 흙을 만지거나 농사를 지을 수는 없었지만, 어렸을 때 부모님께서 제가 직접 작물을 키울 수 있도록 작은 상자 텃밭을 마련해 주셨습니다. 거기에 상추며 고추며 작물을 키우고, 작물에게 이름을 지어 주고 대화하던 추억이 있습니다. 그러면서 땅과 흙이 단순한 먼지가 아니라 삶을 키우는 좋은 토대인 것을 느낄 수 있었지요. 지금도 주말 농장을 같이 하면서 그 때의 기분을 이어갑니다."

이런 대화는 무려 50분 가까이 계속되었고, 약속한 1시간이 다 되어가자 S 씨가 드디어 물었다.

"C 군, 근데 오늘 찾아온 용건이 무엇이라 했던가요?"

"아 … 네, 제가 찾아뵌 것은 … " 하며 기부를 요청했고, 이는 불과 몇 분도 걸리지 않았다.

이후 S 씨는 C 씨의 단체에 거액의 기부금을 입금하였다.

　제안을 하기 전 스몰 토크는 간단한 인사나 시사, 날씨 이야기 등으로 시작할 수 있지만, 이왕이면 상대방에 대한 정보를 공유하면서 자신이 많은 시간을 들여 관심을 기울였음을 비치는 것이 좋다. 단, 과도한 관심이나 사생활, 외모 관련 이야기는 금물이다. 사업이나 활동, 패션 감각에 대한 칭찬 등으로 기분이 좋아질 수 있는 주제면 좋다.

집중도와 흥미를 유발시키는 사전 장치

제안 대상자가 시간이 없을 경우에는 우리가 원하는 것을 바로 설명해야 하겠지만, 시간적 여유가 있을 경우에는 제안자의 설명 앞부분에 영상 등 집중도가 높은 장치를 배치할 수도 있다. 한 EBS 프로그램 *에서 진행한 실험에서는 초등학생에게 모금을 할 때, 모금 제안 전 관련 영상을 보여 준 반과 그러지 아닌 반 사이에서 모금액은 일곱 배의 차이를 보였다.

자료: EBS 〈다큐프라임〉.

---

* '인간의 두 얼굴: 제 2부 사소한 것의 기적', EBS 〈다큐프라임〉, 2008. 8. 12. 방영.

대상자에게 감정 이입을 이끌어 내면서 집중하게 만드는 좋은 방법 중 하나로, 간단한 행동에 참여시키는 방법이 있다.

주먹을 쥐어 보세요. 주먹이 참 아담하게 예쁘시네요. 이 크지 않은 주먹, 이만큼이 바로 북한 아이들이 하루 동안 먹는 음식의 양입니다. 그것이 고기처럼 영양가가 높은 음식이면 좋겠지만 아쉽게도 그냥 밀가루 덩어리 정도입니다. 남한 아이들의 평균 음식 섭취량은 여기에 모이신 분들의 모든 주먹을 합한 것입니다. 물론 영양가가 높은 것들이지요.

죄송하지만 여기에 오신 분들께 부탁 하나 드릴까 합니다. 정신없이 돌아가는 세상에서 잠깐 휴식을 가져보겠습니다. 모두 눈을 감아주십시오. 감사합니다. 눈을 감고 가장 사랑하는 사람을 떠올려 보십시오. 자녀, 손주, 연인, 부모님, 누구라도 좋습니다. 특정인을 떠올려 보세요. 생각만 해도 흐뭇해지고, 같이 있고 싶고, 살펴주고 싶은 그 사람. 그로 인한 행복감을 상상해 보시고 느껴 보세요. 그런데 … 갑자기 어느 날 그 사람이 집에 돌아오지 않습니다. 아무리 연락해도 연락이 안 됩니다. 찾아 나섰지만 어디로 사라졌는지 알 수가 없습니다. 하루가 지나고 이틀이 지나고 한 달이 지났습니다. 그때의 감정을 상상해 보세요. 자, 이제 눈을 뜨세요. 어떠세요? 잠깐의 상상이었지만 정말 지옥 같지 않으셨습니까? 이런 고통을 지금 실제로 겪고 있는 이들이 있습니다.

궁금증을 유발하는 숫자를 나열하면서 진행하는 방식 역시 현장에서 상당히 많이 활용된다. 이를테면 "10과 3, 이 숫자는 중산층 청소년과 저소득층 청소년이 가지고 있는 속옷 숫자입니다", "0, 재난을 당한 아동청소년 전문 심리치유 프로그램 수입니다. 아예 없습니다" 같은 말로 시작하는 것이다.

산토스라는 심리학자는 길을 지나가는 사람에게 갑자기 나타나 돈을 빌려 달라는 말을 거는 실험을 진행했다. 거의 대부분의 사람이 그 말을 무시했다. 이 경우 돈을 실제로 빌려준 사람은 23%에 불과했다.

하지만 말하는 방식을 바꾸어, '17센트가 필요한데 빌려 달라'는 메시지를 전달했다. 이렇게 말하자 절반 가까운 사람이 돈을 건네주었다.

이 실험에 담긴 진실을 파악했는가? 사람들은 왜 17센트라는 구체적인 액수를 밝혔을 때 더 많이 반응했을까? '그 정도면 해 주지 뭐 …'하는 심리였을 수도 있지만, 17이라는 숫자에 흥미를 느꼈다는 것이다. 49초만 주면 제대로 된 제안을 해 보겠다는 사람이 있었다. 제안을 듣기도 전에 그 제안 자체가 재미있기도 하고 흥미롭다는 생각을 했다. 왜 49초일까? 라는 호기심에 그의 제안으로 빨려 들어갔다.

모두가 제안의 초기에 주목도를 높이고, 전달하고자 하는 핵심 주제를 알게 모르게 대상자들에게 운을 띄워놓기 위한 기법들이다.

제안의 핵심을 전달하는 퍼포먼스

백 마디의 말보다 한 번의 행동이 더 효과적일 때가 있다. 글이나 말이 아니라, 특정 물건을 제시하는 등의 퍼포먼스를 준비해 제안서의 핵심 콘셉트를 전달해 보라. 종이 제안서나 프로젝터 화면만 보던 제안 대상자 입장에서 갑작스레 펼쳐지는 퍼포먼스는 흥밋거리이고, 이에 깊은 인상을 받는다.

스티브 잡스Steve Jobs가 프레젠테이션 현장에서 '맥북 에어MacBook Air'가 얼마나 얇은지 보여 주기 위해 서류봉투 속에서 맥북을 꺼내 보인 일이나,

스티브 잡스의 '맥북 에어' 발표.
자료: 애플 홈페이지 영상 캡처.

빌 게이츠Bill Gates가 아프리카 말라리아 모기의 위험성을 경고하기 위해 강연장에서 모기를 풀어놓는 시늉을 한 행동은 사소해 보이지만 사람들의 뇌리에 깊이 남아 아직도 회자되고 있다.

고故 정주영 현대 명예회장은 제안 퍼포먼스로 유명했다. 그는 1971년, 울산 미포만에 세계에서 제일 큰 조선소를 짓겠다는 계획을 발표했다. 당시 돈과 기술이 전무했기에 회의적인 반응이었지만, 그는 미포만 모래사장 사진 한 장, 외국 조선소에서 빌린 유조선 설계도 한 장을 들고 홀로 유럽을 돌면서 자금을 모았다. 그리고 그 해 9월, 자금 조달 목적으로 영국 정부와 은행에 영향력이 있던 선박 컨설팅회사 회장이자 로비스트인 롱바텀 씨를 만났지만 부정적인 답변을 들었다. 그때 정주영 회장은 주머니에서 500원짜리 지폐를 꺼내 뒷면에 그려진 거북선을 보여 주며 '우리는 영국보다 300년 앞선 1500년대에 이미 철갑선을 만들었소. 쇄국 정책으로 산업화가 늦었을 뿐, 잠재력은 그대로 갖고 있소'라고 설득했다. 이후 정주영 회장은 롱바텀 회장의 주선으로 만난 버클레이 은행과 협상하여 차관을 받는 것에 성공했다.

빌 게이츠의 프레젠테이션.
자료: TED 영상 캡처.

정주영 현대그룹 명예회장의 모습과 당시 500원짜리 지폐.
자료: 현대중공업(좌), 한국조폐공사(우).

원래 과거의 일은 미화되고 보정되어 인상적인 장면 위주로 전해지기 마련이다. 엄청나게 큰돈을 빌리는 복잡한 과업이 단순히 퍼포먼스 하나만으로 성공했다고 보기는 어렵다. 그러나 퍼포먼스를 이용해 제안을 성공으로 이끄는 강렬한 인상을 주는 것은 얼마든지 가능하다.

한 단체에서 유명한 지휘자에게 자선 공연을 부탁했다. 공연 수익금으로 단체가 운영하는 재사용 나눔가게 매장을 확보하기 위함이었다. 특히 해당 매장은 100호점이라는 상징성을 가지고 있었기에 매우 중요한 모금 프로젝트였다. 대표 이하 모금팀이 백방으로 노력한 결과, 원래 목표했던 금액만큼의 티켓을 팔 수 있었고, 모든 것은 순조롭게 진행되고 있었다. 하지만 지휘자는 본인의 예상보다 많은 돈이 모일 것 같았기에, 매장을 내는 것보다 아동을 위한 지원금으로 바로 지출하길 원했다. 단체 입장에서는 이미 매장의 임차 보증금으로 계약까지 해 놓은 상태였기에 난감한 상황이었다. 하지만 지휘자는 완강했다. 결국 대표가 중재에 나섰고 지휘자를 방문하여 설득하기로 하였다. 모금팀에서는 지휘자의 기부 성향이나 의도를 알기 위해 지휘자의 아내와 친형을 만나고 대략적인 제안 콘셉트를 잡았다. 콘셉트는 다음과 같다.

① 일회성 원조나 지원이 아닌 지속가능한 사업을 제안한다.
② 매장은 자체 수익 창출이 가능하여 오랜 시간 동안 자선 활동이 가능하다. 특히 100호점이라는 상징성으로 중단되는 일은 절대 없을 것이다.
③ 수익금으로 아동들을 돕겠다.
④ 매장을 통해 지휘자와 지휘자의 핵심가치인 음악을 대중에게 알리는 장소로 활용하겠다.

콘셉트에 맞춘 제안서가 완성되고 지휘자의 집을 방문하는 날이 다가왔다. 제안팀은 콘셉트를 부각할 수 있는 퍼포먼스를 준비했다. 원래 아이디어는 '달걀과 닭'이었다. "달걀은 아이들의 한 끼 식사가 될 수 있지만 매일 달걀을 낳는 닭은 계속적으로 아이들에게 식사를 제공할 수 있습니다. 나눔가게는 닭과 같습니다"라는 퍼포먼스로 달걀과 닭을 준비하려 하였다. 하지만 통제 불가능한, 살아 있는 닭을 준비하기는 어려웠다. 대신 사전 미팅 시 알게 된, 지휘자의 아내가 꽃을 좋아한다는 정보를 활용하기로 하였다. 그래서 아이디어는 살린, '씨앗과 꽃'이라는 퍼포먼스를 준비하게 되었다.

당일 지휘자의 집을 방문한 제안팀은 먼저 꽃을 선물한다. 그리고 본격적인 제안에 앞서 퍼포먼스를 시작한다. "사모님께서 꽃을 사랑하신다는 말씀을 듣고 꽃다발을 준비했습니다. 아름다운 꽃은 여기 몇 사람의 기분을 정말 행복하게 합니다. 하지만 내일이면 이 꽃은 시들 것이고 소수의 사람들에게 행복을 전달하는 역할로 끝나겠지요. (씨앗 통을 내밀며) 여기에는 아름다운 꽃의 씨앗이 담겨 있습니다. 이 씨앗을 들판에 심으면 꽃이 피어날 것입니다. 꽃다발보다 훨씬 많은 이들이 꽃의 아름다움과 향기를 즐기며 행복해할 것입니다. 거기서 끝이 아닙니다. 그 꽃들에게서 다시 씨앗을 채종하면 다음 해에는 더 많은 꽃으로 사람들을 행복하게 할 수 있습니다. 저희가 세우려는 매장은 바로 이 씨앗과 같습니다. 매장을 통한 수익으로 훨씬 많은 아이들에게 희망을 줄 수 있습니다. 지휘자님의 소중한 재능 기부로 만들어진 기부금을 매장 내는 데 쓸 수 있도록 해 주십시오"라고 했다.

그 뒤로 제안서의 내용을 설명했지만 사실 퍼포먼스에서 그날의 설득은 이미 완성되었다. 지휘자는 충분히 단체의 의견에 공감했고, 제안을 승낙했다.

▌거울 되기(mirroring): 따라 해서 신뢰 형성하기

어느 조직에나 자신들의 전통과 방식, 문화가 있다. 이 내용을 사전에 알 수 있다면 제안에 유용하게 활용할 수 있다.

사 례

로타리클럽은 자타가 공인하는 최대의 친목 사교클럽이자, 공익 활동에 앞장서는 자원봉사 기부클럽이기도 하다. 한 모금가가 지역 지부대표로 있는 지인의 요청으로 아침 일찍 진행되는 모임에 참석하여 20분 동안 강연을 하게 되었다. 모임은

오래된 클럽답게 격식을 갖춰 진행되었다. 모금가가 매우 흥미롭게 본 순서는 '성금 동의'라는 것이었다. 회장이 "자, 지금부터 성금 동의 시간을 갖겠습니다"라고 하니 모든 참석자들이 지갑에서 천 원 지폐를 꺼내기 시작했다. 그리고 모든 회원이 돌아가면서 일주일간 자신의 신변에 있었던 일이나 주요 이슈에 대한 자신의 생각 등을 얘기하고 성금 동참에 동의를 구했다. 이런 식이다. "제가 3일 전에 어떤 책을 읽었습니다. 이러이러한 내용이었는데 참 많은 통찰을 얻었습니다. 회원님들께서 이 책을 한번 읽어 보시겠다면 2천 원, 읽지 않겠다 하시면 3천 원 성금 동의가 있겠습니다"라는 식이었다. 공익 활동에 쓸 자원도 모으고, 회원들이 모임에서 대화에 나서게 하고, 서로에 대해 더 알아 가도록 하는 참 좋은 시간이었다. 이때 오래된 회원이 신입 회원의 성금 동의에 대해 바로 알려 주었다. "로타리클럽은 전통이 있는 곳입니다. 가급적 전통을 지키고 따르는 것이 좋습니다. 성금 동의하기 전 '존경하는 회장님, 그리고 회원 여러분 저 ○○○이 성금 동의하겠습니다'라는 관용구를 붙이시는 것이 좋겠습니다"라고.

이후 이어진 강연에서, 지역사회에서 사회공헌 활동의 의미와 글로벌 자선 이슈 등에 대해 강연한 모금가는 회장과 회원들에게 양해를 구했다. 성금 동의라는 로타리클럽의 전통이 정말 좋은 것이고, 많은 감명을 받았다고 말하고 혹시 가능하다면 본인도 한번 해 볼 수 있는지 물었다. 좋은 강연을 듣고 조직의 전통에 대해 칭찬도 들은 이들은 기꺼이 기회를 주었다.

"존경하는 회장님, 그리고 로타리클럽 회원 여러분, 저 ○○○이 성금 동의하겠습니다. 오늘 제가 이렇게 좋은 자리에 와서 좋은 분들을 뵙고 좋은 말씀을 옆에서 듣고 보니, 참으로 복 받았다는 생각이 듭니다. 제가 하는 일의 좋은 점은,

바로 이런 자리에 함께 할 수 있다는 것입니다. 그럼 성금 동의하겠습니다. 저의 오늘 강연이 참 좋고 실천해 볼 만하다 하면 2만 원, 좀 동떨어진 말이다 하면 50만 원. 성금 동의하겠습니다." 결과는 8명 모두에게 2만 원씩을 받았고, 이후 다시 한 번 정기 후원을 요청하여 매달 20만 원에 달하는 기부금도 추가로 모금할 수 있었다.

자료: 로타리클럽.

기업 중에는 매월 하루를 택해 비영리 단체 실무진의 이야기를 간략히 듣고 직원들이 자발적으로 기부하는 전통을 갖고 있는 곳도 있고, 영업사원을 훈련시킬 때 자사만의 특정한 언어나 표정, 도구를 이용하도록 하는 곳도 있다. 이런 부분을 습득하여 제안에 응용한다면 제안 대상자에게 친밀감과 신뢰감을 함께 줄 수 있다.

▌각인각색: 사람마다 맞춤형 제안하기

사람들은 전부 다르다. 논리적인 설득이 통하는 사람도 있고, 감성적으로 접근해야 지갑을 여는 사람도 있다. 모금가 역시 마찬가지다. 통계 자료와 다양한 사례들을 드는 이성적인 접근이 강점인 사람도 있고, 교회 부흥회처럼 사람을 울렸다 웃겼다 하면서 마음을 들뜨게 만드는 장점을 가진 사람도 있다. 진정한 고수는 대상자의 특성에 따라 모금 제안의 톤과 매너를 달리할 수 있는 사람이다.

사례

수입와인회사에 찾아간 노인복지관 모금가들은 그 회사 대표를 상대로 1천만 원이라는 거금을 모금해야 했다. 모금가들은 기부된 돈으로 실행할 복지 서비스를 설명했고 기부금을 요청했다. 노인을 위한 복지 서비스의 공익 효과와 필요성을 잘 설명했지만 이미 다른 공익 단체에서 유사한 사업을 제안해서인지 대표는 그다지 큰 관심이 없었고, 기부의 효과 등을 숫자 등으로 표현해서 제시한 부분에 대해서도 심드렁했다. 하지만 대화의 과정에서 회사 대표가 경쟁심이 있으며, 허세 부리기를 좋아하는 권위적인 성격이라는 것을 알게 되었고, 이 특성을 공략하기로 하여 경쟁 와인판매업체의 기부 동향과 그로 인한 사업상 이득을 은근슬쩍 제시하고, 경쟁과 과시를 위한 기부를 유도하여 기부금 모금에 성공하였다. •

상대방이 어떤 사람인지를 파악하려는 인간의 시도는 오래되었다. 이 방법을 구조화해 놓은 다양한 기법이 존재한다. 의학적으로는 별로 인정받지 못하지만 현실에서는 애용되는 혈액형별 분류나 역사적으로 오래 활용되어 온 별자리나 주역, 심리학자들이 개발한 MBTI ••나 영성적 요소가 다분한 에니어그램•• 등이 있다. 어떤 것이든지 모든 사람은 각기 특성이 다르고, 소통할 때 각각 다르게 접근해야 한다고 말한다. EBS에서 방영된 한 프로그램••에서는 설득 유형을 SCAF의 네 가지 유형으로 나누고

• '16인의 성공도전 설득의 비밀', EBS 〈다큐프라임〉, 2009년 5~6월 방영.

•• MBTI는 '마이어브릭스 유형지표'(the Myers-Briggs type indicator)의 약어로, 일상생활에 활용할 수 있도록 고안된 자기보고식 성격유형지표이다. 융(C. G. Jung)의 심리유형론을 근거로 하는 심리검사이다. 외향성과 내향성, 감각형과 직관형, 사고형과 감정형, 판단형과 인식형으로 선호 경향을 나눠서 총 16가지 성격 유형으로 구분한다(출처: 두산백과사전, 'MBTI').

•• 에니어그램(enneagram)은 사람을 9가지 성격으로 분류하는 성격 유형 지표이자 인간이해의 틀이다. 희랍어에서 9를 뜻하는 'ennear'와 점, 선, 도형을 뜻하는 'grammos'의 합성어로, 원래 '9개의 점이 있는 도형'이라는 의미이다. 대한민국에서는 2001년에 윤운성 교수에 의해 표준화를 거친 한국형 에니어그램 성격유형검사(KEPTI)가 정식으로 출판되었다. 1번 유형(개혁가), 2번 유형(조력가), 3번 유형(성취자), 4번 유형(예술가), 5번 유형(사색가), 6번 유형(충성가), 7번 유형(낙천가), 8번 유형(지도자), 9번 유형(중재자)으로 구분한다(출처: HRD 용어사전, '에니어그램').

•• '16인의 성공도전 설득의 비밀', EBS 〈다큐프라임〉, 2009년 5~6월 방영.

각각의 유형에 맞는 설득 제안법을 제시한다.

재미있는 것은, 기부 대상자의 성향만을 구별해 모금 활동에서 대응하는 것이 아니라, 모금 대상 프로그램의 특성에 따라서 대중에게 소구(어필appeal) 하는 전략도 달라질 수 있다는 점이다. 즉, 단체가 모금하는 내용에 따라 대중에게 어필하는 톤이 달라진다는 것이다. 초록우산 어

SCAF 설득 유형

설득 유형	특성	설득 대책
성취형 Achiever	• 자기의 입장이 강하고 감정을 드러내지 않음 • 간단명료한 소통방식으로 지시하고 통제 • 사람보다는 일 중심 • 핵심가치: 목표/결과/경쟁 • 의사결정 방식: 독단형	• 효과 제시 • 경쟁심 자극 • 논리적 근거 제시
분석형 Finder	• 말이 없거나 감정표현이 거의 없음 • 메모를 많이 하고 정보를 수집 · 활용 • 숫자와 통계를 좋아하며 성과 추구보다는 책임 회피 성향임(손실 혐오) • 핵심가치: 데이터/안전 • 의사결정 방식: 돌다리형	• 증거 제시 • 비교 데이터 제시 • 대안 마련 • 손실 부각
우호형 Carer	• 주장보다는 동조하는 경향 • 솔직하게 자신의 감정을 표현 • 늘 다른 사람의 감정과 필요를 살핌(감정 이입) • 결정을 쉽게 하지 못하고 분명치 못함 • 핵심가치: 성실/인정/화합 • 의사결정 방식: 협의형	• 지속적 상담 • 관계 형성 • 애원 • 호기심 유발 • 인내
표출형 Speaker	• 자기 자랑이 많고 과시욕이 있으며 주장이 강함 • 감정표현이 솔직하고 사교성이 있음 • 핵심가치: 인기/인정 • 의사결정 방식: 감각형	• 칭찬과 감사 • 존재감 인정 • 감성 설득 • 신뢰와 동기 부여 • 인간적 접근

자료: 김종명 · EBS 제작팀, 《설득의 비밀》, 쿠폰북, 2009 재구성.

린이재단에서 발간한 논문 "국내외 비영리 기관 모금광고 캠페인 분석" (2014, 〈아동복지연구소 보고서〉 2014년 6호)에 보면 주요 모금 캠페인의 소구 전략을 구분해 놓았다. 광고전략 모델 중 하나인 FCB 그리드 모델●에 입각하여 살펴보면, 모금 활동도 많은 고민과 비교를 해야 하는 '고高관여' 캠페인과 비교적 간단히 판단하고 결정할 수 있는 '저低관여' 캠페인이 있는데, 이것을 다시 '이성'과 '감성'형으로 나누고 각각의 특성에 따른 메시지와 매체 전략을 전개해야 한다는 것이 글의 요지이다. 기부 금액이 크고 프로그램의 내용이 복잡한 고관여 캠페인은 이성적으로 소구한다는 것이 정설일 것 같지만, 실제 모금 현장에서 보면 감성적 접근이 유리한 경우가 많다. 또한 적은 금액과 단순한 구조의 자선 프로그램도 이성적 소구가 먹힐 때가 있다. 일반적으로 어느 한쪽만으로 모금 캠페인이 진행되지는 않고 감성과 이성을 적절히 조화시킨 메시지를 쓰지만, 메시지 전달량에 한계가 있거나 매체의 선택과 같이 비용이 많이 들어갈 때는 감성과 이성의 비율을 어떻게 해야 하는지가 전략적으로 중요할 수 있다.

● FCB 그리드 모델은 미국의 광고대행사 FCB(Foote, Cone & Belding)의 본(Richard Vaughn)이 관여도와 두뇌 세분화(brain specialization) 이론을 기초로 소비자의 행동을 분석하고, 이것이 상품과 어떤 관련성이 있는지를 하나의 모델로 만든 것이다. 소비자 관여 이론과 두뇌기능 분화이론을 중심으로 제품을 분류한 종합적인 모형이다. 코틀러(Philip Kotler)가 제시한 '소비자 구매 행동에 관한 모델'에 근거를 두고 있다. FCB 그리드 모델은 소비자가 제품이나 서비스를 구매할 때 고민을 어느 정도 하는지(고관여, 저관여)와 구매 의사결정 시 어떤 심리적 요인이 영향을 더 미치는지(이성, 감성)에 따라 구분하여, 그에 맞는 광고 및 마케팅 전략을 구사할 수 있도록 돕는다.

▌조절하기: 요청의 크기와 순서를 설정하기

강하게 부탁하고 줄여간다

한 다큐멘터리에서는 이런 내용을 다룬다. 누군가 당신에게 8주간 주1회의 연탄 배달 자원봉사를 부탁한다면? 한 번도 빠지지 않고 8주 동안 하는 것은 누구나 어렵다. 대부분 손을 내저을 것이다. 그래서 8번 전부가 힘들다면 한 번만이라도 봉사를 해 달라고 부탁하니 많은 사람들이 제안을 받아들였다. 그런데 처음부터 한 번만 자원봉사를 해 달라고 요청했을 때에는 훨씬 더 적은 사람들이 제안에 동의했다. 사람의 심리란 이런 것이다.

광고나 마케팅에서 이러한 기법을 이미 이용하고 있다. '앵커링anchoring'이라는 행동경제학 개념이 있다. '앵커anchor'는 '닻'이나 '계류점'을 말하는데, 협상전문가이자 미국 컬럼비아대학 비즈니스스쿨 교수인 로버트 본템포Robert Bontempo가 주창한 개념이다. 우리말로는 '심리의 기준점' 정도로 해석 가능하다. 우리는 무언가를 객관화하여 판단할 때 자연스럽게 기준점을 떠올린다.

방금 제시한 상황에서도 먼저 제시된 8주간의 (부담스러운) 자원봉사 요청이 기준점이 되어서 그 후에 제시된 1주의 자원봉사는 보다 쉬운 요청으로 비치는 것이다.

작은 요구부터 시작한다

방금 전에 소개한 전략과 상반되는 것도 있다. 이른바 '문간에 발 들여놓기 기법foot in the door technique'이다. 이상하게 들리겠지만 심리학계에서 실제로 쓰이는 학술 용어다.

노련한 영업사원은 영업을 할 때 아주 작은 관계부터 시작한다. 문전박대를 당하면 그냥 나가지 않고 '물 한 잔만 마시겠다', '화장실 한 번만 쓰겠다'면서 한 발 들여놓고 관계 맺기를 시도하는 것이다. 고객이 '그 정도면 괜찮겠지' 싶어 허락하고, 말 한두 마디 섞다 보면 어느 틈엔가 물건을 사거나 계약서에 서명을 하는 것이다. 무조건 처음부터 물건을 팔려고 마음먹는다면 성공하지 못했을 영업이다.

　모금에서도 이 방식이 유효하다. 큰 성과를 바란다면 작은 것부터 시작해야 한다. 기업에게 기부를 요청할 때, 부담이 되는 자금 지원이 아니라 비교적 간단한 자원봉사나 비교적 적은 금액 등을 요청해서 상호 신뢰를 쌓은 후 점차 큰 단위의 요청을 하는 방법이 주효할 때가 있다.

　작은 틈이 댐을 붕괴시키듯, 불가능해 보이는 목표도 사소하고 당장 실행 가능한 부분부터 출발하면 도달할 수 있다. 몇 가지 사례를 살펴보자.

사례

'100원의 기적'이라는 모금 캠페인으로 유명한 G단체는 'Love Parking Campaign'이라는 사회공헌활동을 기획했다. 사람들이 적은 액수의 동전을 다소 가볍게 여긴다는 점에 착안해, 동전의 가치를 극대화하는 동시에 사람들이 기아에 대한 인식을 가질 수 있도록 고안됐다. 대형마트에서 하루 평균 4천 명의 고객이 쇼핑카트를

끌기 위해 사용하는 100원짜리 동전을 전 세계 가난한 아동을 위한 후원 수단으로 변모시킨 것인데, 쇼핑몰 구석구석에 기부 메시지를 던져 놓고 고객이 쇼핑을 끝내고 카트를 반납할 때 그 100원을 기부하도록 요청했다.

여기서 주목할 것은 기부 상자의 겉면에 QR코드를 인쇄하여, 스마트폰으로 QR코드를 찍어 자신의 작은 기부로 얻을 구체적인 혜택을 그 자리에서 확인할 수 있도록 만들었다. 그러면서 모바일을 이용한 정기적인 후원을 요청했다. 그 결과 고객들 중 90% 이상이 기부 상자에 100원을 기부했고, QR코드를 통해 등록한 정기 후원자가 30% 증가했다. 만약 처음부터 QR코드를 이용해 정기 후원을 요청했다면 가능하지 못했을 성과였다.

자료: 굿네이버스-홈플러스 공동 주최 '100원의 기적' 캠페인(제작사 : 이노션 월드와이드), 2012년 7월.

사 례

1950년대 한국전쟁에서 중공군은 정보를 얻어내기 위해 미군 포로를 고문했다. 중공군은 장기적으로 꾸준히 미군에게 정신적·육체적 고통을 주면서 신분이나 사소한 작전 계획, 암호 같은 아주 작은 것부터 발설하도록 유도했다. 압박에 못 이겨 한 가지라도 자백을 하면 그 다음 수준의 자백을 유도했다. 작은 자백이었음에도 불구하고 일단 자백을 시작한 포로는 심리적 장벽이 열려, 걷잡을 수 없이 중공군이 원하는 내용을 술술 불었다.

이 사례들은 모두 '문간에 발 들여놓기 기법'과 관계가 있다. 100원과 작은 정보라는 사소한 것으로 출발했지만, 대상자의 행동은 그것으로 끝나지 않고 상대가 목적하는 지점까지 갔다. 기부금은 넝쿨의 마지막에 달린 고구마 같은 것이다. 살살 파 내려가다 보면 끝내 만날 수 있다.

▌기회 요청하기: 돈보다 쉬운 것부터 제안하기

저항감이 낮은 것부터 요청하는 기술에 포함되어 있는 중요한 요청법이
바로 기부금품을 바로 요구하지 않고 제안 대상자가 가진 '기회'를 달라
고 하는 것이다. 대학 교수를 예로 들어 생각해 보자. 대학 교수가 기부
와 관련하여 가지고 있는 기회는 무엇일까? 교수는 학생이나 다른 교직
원, 대학 총장을 만나게 할 수 있는 기회를 가지고 있다. 교수가 가지고
있는 일종의 자산이다. 이것을 달라고 하는 것이 '기부금'을 달라고 하는
것보다는 부담이 덜하다. 교수가 진행하는 강의 앞뒤 시간을 빌려 모금
프로그램을 소개할 수 있는 기회를 달라고 제안하는 것은 어떨까? 강의
실이라는 집중도 높은 공간에서 담당 교수의 소개를 받아 등장한 사람
(제안자)의 가치 있는 제안에 동참해 줄 학생이 분명히 있을 것이다. 물
론 학생이 기부하면 교수가 가만있기 어렵다. 그래서 교수의 기부는 덤
이다.

  기업도 많은 '기회'를 가지고 있다. 공익 단체들이 활용할 많은 자원들
이 있다. 이것들 중 가능하면 부담이 없는 것부터 요청을 시작하면서 관계
를 형성하고 추후 기부금을 유도할 수 있다. 제시된 표는 공익 단체에서
기업에 요구할 수 있는 제안의 종류를 정리한 것이다.

  모금가가 요청할 수 있는 것은 금전만이 아니다. 단체 운영에 도움이
되는 정보, 단체 활동에의 참여나 지지, 전문적인 자문, 운영 및 교육시
스템 등이 있다. 무엇이 되었든 대상자가 가지고 있는 '자산과 자원'을 요
청할 수 있다. 기부자는 돈과 함께 지식, 영향력, 네트워크, 경험, 일, 용
기 등을 줄 수 있는 존재이기 때문이다. 당구를 칠 때 목적구를 직접 맞추
지 않고 쿠션을 넣어 맞추듯, 먼저 저항감이 없거나 관계 개선을 할 수 있
는 내용을 먼저 요청하면서 접근할 수 있다.

요청할 수 있는 기업의 자원

요청사항	자산 및 자원의 출처
사회공헌비 지원	• 기업 매출 및 수익의 일부 • 사회공헌비 책정 예산
마케팅비 지원	• 기업 또는 제품 마케팅비 • 홍보비 또는 일반 관리비 • 특정 제품 매출 및 수익의 일부
직원의 자금 및 물품	• 직원들의 급여 또는 급여 우수리(노조, 인사팀과 연결) • 직원들의 물품(중고, 신품) 기증
직원의 참여	• 직원들의 업무 중, 업무시간 외 자원봉사 • 퇴직(예정)자들의 사회참여
물적 자원	• 불용자산, 재고물품, 용지 등 사무용품, 사무공간, 편의시설, 연수시설
서비스 자원	• 법무, 운송, 창고, 전문기술, 교육시스템, IT기술, 마케팅노하우, 해외 네트워크, 홍보 및 광고 매체, 광고 소재, 거래 업체

사 례

단체 B는 전국 직원의 역량 강화를 위해 온라인 교육시스템을 도입하기로 하였다. 하지만 막대한 자금이 필요하다는 것을 알고 다른 대안을 찾던 중, 온라인 교육 전문기업인 S 회사를 알게 되었다. 제안을 통해 해당 기업이 가지고 있는 3천 개의 콘텐츠 중 비영리 단체와 관계있는 200여 개를 골라 무상으로 언제 어디서든 들을 수 있게 되었고, 기업에서는 단체만을 위한 '사이버 연수원'까지 만들어 주었다. 여기서 끝이 아니었다. 교육시스템을 만들고 조정하는 과정에서 임직원 간에 교류가 활발해지고, 신뢰 관계가 형성되면서 결국 S 기업 직원들의 자원봉사와 거액의 금전 기부로 이어졌다.

▌대안 제시하기: 여러 안을 준비하여 설득하기

제안을 하다 보면 미리 준비한 내용이 별로 안 통할 때가 있다. 그럴 때 다른 대안을 제시할 수 있다면 최소한 '넘어진 김에 동전 줍고, 물에 빠진 김에 미역 따는' 경험을 할 수 있다.

한 지역아동센터의 센터장은 평소 이용하던 정육점에 후원 요청을 하기로 하고 찾아가 어렵사리 말을 꺼냈다. 이러저러한 얘기를 전부 들은 사장은 "미안한데요, 제가 뭔가를 정기적으로 하는 것을 좀 어려워해서요. 보험도 다달이 나가는 거 싫어서 안 하거든요"라 대답한다. 거듭되는 거절에 당황스럽고 민망해서 센터장은 서둘러 정육점을 나올 수밖에 없었다. 하지만 사장의 말이 완전한 거절이 아닌 것 같아서 센터에 필요한 내용을 하나씩 정리한 파일을 들고 다시 한 번 용기를 내어 방문했다. 이러저러한 말이 오간 후 "정기 기부를 어려워하신 것 같아서 일시적으로 아이들을 도울 수 있는 것을 몇 개 준비해 보았다"라고 하면서 센터에 필요한 물품, 프로그램 진행비용, 특정 아동에 대한 일시 기부금 등을 제시했다. 가만히 듣고 있던 사장이 "제가 그럼 많이는 못해도 얼마간은 해 볼게요"라고 하더니 안에 들어가 봉투 하나를 들고 나와 건넸다. 센터장은 감사 인사를 하고 나와서 보니, 원래 요청하려 했던 정기기부금 12만 원보다 훨씬 많은 50만 원이 봉투에 들어 있는 것을 보고 깜짝 놀랐다.

자동차를 보러 갈 때 나름 특정 자동차를 염두에 두고 가지만 영업사원과 이야기를 나누다 보면 전혀 다른 자동차를 살 때가 있지 않은가? 경차를 사러 왔다가 대형 세단을 사 간 사람의 이야기가 전설처럼 존재한다. 영업사원이 해당 차량에 대한 판매 능력만 있으면 곤란하다. 그 차량을 마음에 들어 하지 않는 고객에게 대안을 제시하고 그것을 납득시킬 수 있는 능력도 필요하다. 모금가도 그렇다. 준비한 제안이 벽에 부딪쳤을 때 대상자의 성향을 고려하여 다양한 대안을 제시해 다른 기부를 얻어내거나 다음 기부의 실마리를 만들어야 한다.

제안을 할 때 목표를 '특정 기부금 확보'로 잡지 말고 '특정 인물과의 관계 맺음'이라고 생각한다면 좀더 유연한 제안을 할 수 있다. 또한 다양한 모금 요청 항목을 잘 정리해 놓아야 대안 제시가 가능하다. 그래서 고단수 제안자는 시나리오 기법으로 제안을 준비한다. 1안을 제시하고 거절하면 2안, 그다음은 3안 순으로 진행하든지, 제안 대상자의 반응을 봐 가면서 상황에 따라 1안, 2안, 3안을 제시하는 것이다.

광고회사에서 일할 때 선배들로부터 배운 것이 바로 제안서를 세 개 준비하는 것이었다. 1안은 매우 참신하지만 실행이 조금 어려운 안, 2안은 평범하여 매력이 별로 없는 안, 3안은 우리 회사의 핵심 아이디어를 담은 안. 당연히 3안을 목표로 하고 나머지는 들러리로 활용했다. 여러 대안을 먼저 마련한 후, 버리는 카드이자 목표한 제안서를 돋보이게 하는 기준점으로 활용한 것이다.

이럴 때 주의할 점은 여러 대안을 한 번에 보여 주지 말라는 것이다. 잡화점처럼 한 번에 보여 주면 사람들은 혼란을 느낀다. 심지어는 의사결정 마비 현상을 보이기도 한다. 대화를 하면서 하나를 내어놓고 그 안에 대한 반응을 보면서 대안을 제시하는 방법을 써 보라.

대안이 딱히 없을 때 가장 좋은 방법은 물어보는 것이다. "그럼 제가 어떻게 해야 할까요?" 의외로 많은 사람들은 자신이 낸 문제에 자신이 해답을 낸다. 그러면 제안자는 그것을 선택하면 되는 것이다. 사실 제안은 절대 일방적이지 않다. 일은 탁구처럼 왔다 갔다 하면서 만들어진다.

▍예측 대응: 예상 질문에 대한 답 준비하기

제안은 반드시 쌍방 간의 대화로 이뤄진다. 제안 내용을 설명한 후에 제안 대상자는 궁금한 부분을 질문하고 모금가는 그에 대한 답을 한다. 이 과정

역시 제안의 성공 여부에 꽤 큰 영향을 미친다. 질문에 대한 답이 시원치 않을 때 단체와 제안자에 대한 신뢰는 떨어질 수밖에 없다. 반대로 질문의 내용에 성실하고 명쾌한 답을 해 나간다면 좋은 인상을 주어 원하는 결과로 이어질 수 있다.

제안서를 준비할 때 꼭 제안 상황에서 예상되는 질문을 뽑고, 그 내용에 대한 대답을 준비해야 한다. 주로 제안했던 내용에 대한 보충 설명이나 사업에 대한 구체적 실행 내용 등에 대한 질문이지만, 제안자 개인 신상에 관한 질문부터 단체 참여자들에 대한 질문이나 사업 관련한 시사까지, 매우 다양할 수 있다. 20가지 이상의 예상 질문을 고민해 어떻게 답할지를 연구하고, 필요하다면 자료를 만들어야 한다. 고단수의 제안자는 일부러 질문을 유도하고 그 질문에 대해 준비한 자료(별도의 자료집이나 통계 보드 및 피켓)를 보여 주며 설명하기도 한다.

어떤 제안 대상자는 대답하기 곤란하거나 기분이 상하는 질문을 하거나 기부 저항을 노골적으로 내비칠 때도 있다. 근래 몇 가지 사건으로 기부포비아가 확산되면서 단체의 투명성과 기부금 사용에 대한 절차를 질문하기도 한다.

이런 질문의 경우 대답하는 공식이 있다. 먼저 공감과 지지를 표해야 하고, 구체적인 대안이나 정보를 제공하면서 질문에 답해 나가야 한다. "아, 그 부분을 말씀하시는군요. 충분히 그렇게 생각하실 수 있다고 봅니다. 저희도 그런 부분이 걱정되었습니다. 그래서 이런 저런 장치를 만들어 문제가 없도록 준비하고 있습니다. 얼마 전에 이러한 사례가 있었는데 다행히 저희가 준비한 덕에 기부금이 아주 잘 사용된 경험을 가지고 있습니다" 같이 답할 수 있으면 좋다. 최악의 답변은 "그게 아니고…", "그렇지 않고요", "잘 모르셔서 그러시는데…"처럼 부정적인 단어로 대답을 시작하는 것이다. 질문자 입장에서 무시당했다는 느낌을 주기 때문이다.

제안할 때 받은 질문에 당황하여 제대로 답변을 못했다고 해서 너무 괴롭게 생각할 필요는 없다. 신뢰를 얻지 못할 정도로 완전히 실망시키지만 않았다면 도리어 전화위복이 되기도 한다. 답변의 정확성보다 성실하게 답변하는 태도 자체가 반전의 발판이 되기도 한다. 제안을 하면서 발견한 재미있는 점은, 질문을 조금 부정적으로 날카롭게 하는 대상자의 경우 답변이 기대에 흡족할 때 기부하는 비율이 높다는 점이다.

제안 후 작업

제안이 끝났다. 최종 결정이 남아 있지만 그간의 고생이 주마등처럼 스쳐 가고 스스로가 대견하기도 하다. 하지만 끝이 아니다. 어떤 기부자들은 제안 시점에 이미 결정을 하기도 하지만, 아직 마음을 정하지 못한 기부자들은 다시 단체와 사업 관련 정보를 탐색하기도 하고 여러 가지를 고민한다. 이때 단체가 해야 할 일이 있다. 앉아서 결정을 기다리지 말고 바로 제안 후 작업에 돌입해야 한다. 또한, 실패든 성공이든 조직의 경험으로 축적될 수 있도록 하는 작업 역시 남아 있다.

제안 후 기부 결정 전

제안이 끝난 후 바로 해야 하는 일은, 면담에 대한 감사 인사와 미팅 시 있었던 이야기를 정리해 다시 한 번 대상자에게 각인시켜 주는 것이다. 문자메시지나 채팅메시지 또는 이메일로 할 수 있으며, 특히 면담 때 대상자가 요청하였거나, 관심을 가졌거나, 보완해야 할 필요가 있다고 생각하는 부분은 추가 설명자료 등을 보내거나 별도 방문을 하는 등 빠르게 대응해야 한다. 이 대응의 속도가 단체에 대한 신뢰도를 높이는 데 큰 기여를 한다. 기업의 경우 개인보다 의사결정 기간이 길어지는데, 이때 제안자의 입장에서 고민되는 것은, 유사한 제안을 다른 기업(특히 경쟁사)에게 할 것인가, 말 것인가 하는 것이다. 타이밍을 놓쳐서 다른 기회도 놓칠 수 있다는 조바심으로 자칫 '상도덕'을 어지럽히는 오명을 쓰고, 처음 제안한 기업에게 다른 제안을 할 수 있는 신뢰조차 영원히 잃을 수도 있다. 다른 기업에 대한 제안은 준비를 해 놓되, 해당 기업의 결과를 확실히 확인하고 움직이는 것이 좋다.

기부 결정 후

제안이 성공적으로 마무리되고 결과 역시 성공이라면, 감사 인사를 표하고 기부에 대한 안내와 기부자 예우 프로그램 등 후속 작업을 진행하면 된다. 중요한 것은 제안이 성공하지 못했을 경우이다. 대부분의 경우에는 실패한 제안을 관리하지 않는다. 하지만 헤어짐이 더 중요하다. 언제 다시 어떤 관계로 만날지 모르기 때문이다. 제안의 실패는 아픈 일이지만 후일을 위해 끝까지 좋은 인상을 남길 필요가 있다. 비록 거절한 상대방이지만 준비한 것에 열의를 가지고 들어 준 점에 대해 감사를 표하는 것이 당연한 도리이고, 가능하다면 실패의 사유를 직접 확인하는 것은 다음의 실패를 줄이기 위한 중요한 자산이 될 것이다.

제안이 끝난 후에는 제안의 전체 진행 과정과 대상자의 반응, 모금가가 얻은 교훈 등을 잘 정리해 두어야 한다. 기업에서 어떤 질문을 하였고, 어떤 부분에 어떤 반응을 보였는지 미팅 보고서 등에 세밀하게 적어 둔다면 이것들이 모여 단체의 역량이 되고 후배들에게 전수할 수 있는 노하우가 된다.

제안 후 작업에서 사용 가능한 기술 3가지

▌물러서기: 요령 있게 다음을 기약하기

사 례

공익 단체 A에 법률 서비스를 제공하는 기업에서 제안을 해 왔다. 단체 내부 직원과 자원봉사자를 대상으로 법률 지원 캠페인 등을 하고 싶다는 이야기였다. 제안은 여러 모로 엉성했다. 단체가 추구하는 비영리 가치와 기업이 제시하는 사업의 방향이 어울리지도 않았다. 무엇보다도 단체와 관계된 이해관계자를 대상으로 영업을 해 보려는 속셈이 뻔히 보였다. 제안을 받은 단체의 대표는 '귀사의 제안은 우리 단체의 명성을 빌려 본인의 사업에 보탬이 되게 하려는 정도로 이해된다'고 단도직입적으로 말했고, 직설적인 지적에 당황한 기업체 대표는 굳은 얼굴로 자리를 서둘러 떴다.

세상은 좁다. 한번 만난 사람을 다시 어떤 자리에서 어떤 관계로 다시 만날지 모른다. 그래서 헤어질 때 잘 헤어져야 한다. 이 사례에서 기업체 대표가 "사업하는 입장에서 솔직히 영업의 마음이 있었다. 하지만 공익에 대한 생각도 진심이다. 제안이 실패해서 아쉽지만 만나 주셔서 감사하고, 덕분에 배운 것이 많으니 보답하는 의미에서 단체에 작은 기부를 하고 싶다"는 식으로 마무리를 했다면 조금은 다른 상황이 이어졌을 것이다. 제안은 실패해도 제안자는 실패하면 안 된다. 왜냐하면 다음이 있기 때문이다. 제안은 사라져도 당신은 남는다.

살다 보면 뜻하지 않은 곳에서 "어?"하고 만나는 인연이 생기기 마련이다. 사업에서는 그런 인연이 결정적 역할을 할 때가 적지 않다. 그것은 단지 우연이고 운일까? 그럴 수도 있지만 행운은 준비한 사람이 누릴 수 있는 특권이다. 우연찮게 만난 지인이 하필 당신에게 좋지 않은 감정을 품고 있다면 이득을 보기는커녕 불이익을 걱정해야 할 것이다. 언제 어떻게 나에게 돌아올지 모르지만, 일단 좋은 감정을 상대에게 남기고 헤어지는 것이 제안의 세계에서는 미래를 대비하는 중요한 자세이다.

사례

아름다운가게에서 진행했던 '지상최대 벼룩시장'은 잠실종합운동장을 통째로 빌려 이틀 동안 20만 명이 다녀간 국내에서 유례없는 대규모 중고품 거래 장터였다. 이 무모해 보이는 프로젝트를 가능하게 해 준 자금은 우연한 인연의 힘으로 조달할 수 있었다.

벼룩시장을 개최하기 위한 자금 3억 원 정도를 여기저기 구하고 다니던 차에 어느 공익 재단을 방문해 제안을 했는데, 제안을 듣기 위해 모인 이사들 중 한 명이 전 직장 협력업체의 부대표였다. 다행히 그 이사와는 좋은 관계였고 그가 제안이 성사될 수 있도록 많은 노력을 해 주었다. 만약 그 분과 사이가 좋지 않았다면 어땠을까?

'설득이 마지막 버스가 아니다'라는 말은 이미 기부한 사람에게도 똑같이 적용된다. 한 번 기부한 경험이 있는 사람이 재기부 의향을 더 많이 가지고 있다는 점은 연구를 통해 검증된 사실이다.[*] 한 번 성공했다면, 그것을 발판 삼아 더 큰 성공으로 나아가라. 근래 기부자들은 자신의 기부 경험을 적극적으로 타인과 소통한다. 만약 제안을 거절했더라도 제안 과정에서 얻은 좋은 이미지와 정보를 옆 사람에게 전달한다면, 이것은 모금 활동에서 뜻밖의 성과로 연결되기도 한다.

• 장은영, "개인기부자의 기부의향 결정변인에 관한 연구", 서울여자대학교 석사 학위논문, 2009.

▍져도 이기기: 제안 경험의 자산화

바둑을 보면 대국이 끝난 후 두 기사가 앉아서 그날 둔 대국을 처음부터 다시 두며 얘기를 나누는 것을 볼 수 있다. 복기復棋라는 것인데 승부를 반추하며 그날의 수를 연구하는 것이다. 이 과정을 통해 실수를 줄이고, 새로운 수를 발견하기도 하는 바둑계의 아름다운 전통이다. 모금의 제안에서도 복기는 반드시 필요하다.

무슨 일이든 그렇겠지만, 경험이 쌓이면 품질도 좋아지고 속도도 빨라진다. 성공한 제안의 전략은 다음의 제안에서도 복제되고 강화될 수 있고, 실패한 전략이라도 반면교사 역할을 한다. 단순히 경험만이 아니라 한 번의 제안에서 작업해 둔 제안서나 소개서 등을 다음에도 활용할 수 있으며, 인맥과 정보, 각종 콘텐츠 역시 재활용이 가능하다. 그래서 제안이 끝난 후에는 반드시 제안 프로젝트의 정산과 더불어 자산화 작업이 진행되어야 한다.

TTimes

조훈현은 복기가 가지 않은 길을 탐색하게 해 준다고 한다.

그래서 이창호는 이렇게 말했는가 보다.

" 승리한 대국의 복기는 '이기는 습관'을 만들어 주고 패배한 대국의 복기는 '이기는 준비'를 만들어 준다. "

"
만약 이랬으면 어땠을까.
다른 수를 놓았다면 승패가 뒤집히지 않았을까.
그런 토론이 오가는 것이 프로들의 복기다.

내가 전혀 몰랐던 것, 미처 생각하지 못했던 것을
상대방을 통해 알게 된다.
이것은 정말 대단한 경험이다.
"

TTimes=신원빈 디자이너

자료: 〈티타임즈〉, '조우성 변호사의 생활인문학: 두 눈 부릅뜨고 복기', 2016. 2. 18 재구성.

자산화는 제안 과정에서 만들어진 문서와 정보 자료 등을 일목요연하게 정리하는 것부터 시작한다. 또한 모금가가 느낀 교훈들을 다양한 관점에서 해석하고 정보화하여 다른 제안자들이 참고할 수 있도록 문서화하여야 한다.

자산화의 결과는 출력된 문서 파일과 저장된 디지털 파일로 만들어 단체의 소중한 자산으로 보호되고, 공유되어야 한다. 이것이 잘 안될 경우 경험은 혼자만의 것이 되고, 모금가가 퇴사하면 그 자산도 사라진다. 다음 모금가가 이른바 '맨땅에 헤딩하는' 일이 벌어지지 않으려면 단체 차원에서 규정을 만들어 자산화를 매뉴얼화할 필요가 있다.

몇몇 대규모 단체에서는 이 자산화 작업을 아예 프로젝트 정산의 일부로 하여 결재받도록 하고, 모든 자료는 인트라넷 지식관리시스템에 업로드 하여 제안자들끼리 공유하도록 하고 있다.

제안이 끝나면 자산화를 위해 반드시 제안의 전 과정과 제작물을 되짚어 보는 시간을 가져야 한다. 제안에 참석했던 모든 이들과 제안 전문가가 함께 워크숍 형태로 진행할 수 있다. 드물지만 제안을 받았던 상대방도 참석하여 의견을 주고받기도 한다. 그 제안이 성공했든 실패했든 배울 점은 있고, 다음 제안에 많은 도움과 영감을 주는 시간이 될 수 있다.

▌마주하기: 아픈 실패와 직면하여 다루기

모금에 대한 생각과 태도를 바꾸고, 절박함과 당위성으로 무장하고, 사람을 대하는 기술이 향상되었다 하더라도 거절은 가슴 아프다. 심리학적으로 보자면 거절을 당했을 때 가슴이 아픈 이유는 기대했기 때문이다. 꼭 기부할 것이라 기대했던 사람이 거절하면 더욱 마음이 좋지 않은 것도 그 때문이다. 거절에 대한 내성을 갖지 못하면 모금은 힘들다. 거절을 대하는 태도는 모금의 지속성에 매우 직접적인 영향을 미친다.

거절을 마주하는 감정은 어떻게 하려 해도 되지 않는다. 물론 쉽게 다룰 수 있는 문제가 아니지만 그 서운함과 불쾌함, 민망함이 오래가면 모금을 계속하는 데 좋지 않다. 그래서 거절에 대한 이해가 필요하다. 거절이 마음 아픈 것은 그 거절이 나를 향한다는 생각 때문이다. 하지만 대상자가 거절한 것은 제안한 내용이지 내가 아니다. 내가 힘들어 할 이유가 없는 것이다. 나를 평가하거나 나에 대해 거절한 것은 아니지 않는가? 확대 해석하고 괴로워할 일이 없다는 뜻이다.

모금가에게 거절은 예삿일이다. 한 번의 패배에 상한 마음과 두려움으로 문을 닫아 버린다면 그 다음은 영영 없다. 또한, 거절은 끝이 아니다. 현장에서는 제안 당시 거절했던 사람이 나중에 다시 와서 거금을 내어 놓으며 '당시 내가 말은 못했지만 이러이러한 사정이 있었다. 늘 신경이 쓰였는데 이제 상황이 좀 나아져서 이렇게 오게 되었다'라고 하는 경우를 보게 된다. 한 번의 거절, 그때의 거절은 영원한 거절이 아니다. 그래서 거절당했을 때 당황하지 말고, 마무리를 잘해야 한다. 만나고 얘기를 들어 주고 고민해 준 것에 대한 감사를 표하고, 대화 중 알게 된 정보를 이용하여 도움이 될 만한 내용을 진심을 담아 보내거나 관계를 이어갈 수 있는 실마리를 남기는 것이 좋다. 다만, 다른 주제의 후원신청서를 다시 보내라는 말이 아니다. 이는 그들에게 부담을 가중시키고 이미지만 더 나쁘게 할 뿐이다.

거절은 일종의 반면교사이다. 왜 거절했을까를 고민하고 그 부분에 대해 부족했던 부분을 보완할 필요가 있다. 대상자의 개인적 사정으로 거절했다면 모금가 입장에서 할 일이 많지 않겠지만, 제안을 하는 준비와 기술이 부족해서였다면 그것으로 끝나서는 안 된다. 실패를 반복하지 않도록 하는 노하우의 축적이 필요하다. 냉정하게 상황을 분석해 보고, 가능하다면 대상자나 대상자의 주변을 탐문하여 실패의 사유를 찾고 무엇이 잘

못 되었는지를 살펴볼 필요가 있다. 경험상 대상자들이 순순히 본인의 솔직한 얘기를 해 주려 하지는 않지만, 30% 정도의 사람들은 아주 솔직하게 모금가의 실수를 지적해 준다. 참으로 보배 같은 존재들이다. 이들이 기부한 것은 돈이 아니라 노하우이자 경험이다. 감사할 일이다.

제3장

모금 제안서 작성 방법

- ☑ 모금 제안서 작성하기
- ☑ 성공의 요점, 제안서 콘셉트
- ☑ 제안서 작성 기술
- ☑ 효과를 높이는 제안서 디자인

모금 제안 시 반드시 지참해야 하는 것이 제안서다. 대부분의 실무자가 이 제안서에 담을 내용과 제안서의 형태, 디자인에 대해 가장 많은 고민을 한다. 기막힌 아이디어가 떠오르거나 글이 술술 써 내려가질 때는 즐겁기도 하지만, 제안 대상자의 반응과 제안의 성공 여부에 대한 스트레스로 늘 숨이 턱턱 막히는 일이다. 그래도 제안이 성공했을 때의 기쁨, 기부금으로 할 수 있는 일, 그로 인해 일어날 변화, 팀원들의 기대에 찬 얼굴, 열심히 제안을 돕는 단체의 다른 동료들을 보면서 힘을 내곤 했다. 모든 일이 다 그렇겠지만 제안서 역시 작성하는 과정에서 수도 없이 롤러코스터를 탄다. 좌절과 도전을 반복하다 보면 어느 순간 꽤 그럴싸한 제안서가 눈앞에 있는 것이다.

이 장에서는 많은 경험과 사례를 통해 나름대로 터득한 제안서 작성의 노하우를 꼼꼼히 전해 보려 한다.

모금 제안서 작성하기

제안과 제안서

제안서 자체가 제안의 성공에 미치는 영향은 의외로 높지 않다. 성공에 영향을 미치는 요소들을 열거해 보자면 (기부할 만한) 기부자의 탐색과 발굴이 25%, 기부자와 사전에 긍정적 관계를 형성하고 소통하며 분위기를 조성하는 것이 60%, 제안 후 사후 관리가 10%의 기여도인 데 반해 제안서는 겨우 5% 정도라고 한다. 이렇듯 제안서의 외적 요소가 중요하기는 하지만 이를 갖추기에는 너무 많은 시간이 걸리고, 모금만 담당하는 입장에서 통제가 불가능한 것도 많으니 실무자에게 제안서는 80% 이상의 관심사일 것이다. 또한 어떤 상황에서는 그 5%가 성패를 가를 수도 있으니 제안서는 어쨌든 심혈을 기울여야 하는 것일 수밖에 없다.

제안서는 말 그대로 단체가 대상자에게 제안하는 내용을 담은 문서이다. 그 내용과 형태는 대체로 비슷하다고 생각할 수 있지만, 제안서에 담기는 주된 내용과 작성 형태, 실리는 매체 등을 기준으로 구별할 수 있다.

제안서에 담기는 내용 면에서는 단순히 단체가 하는 일에 대한 소개부터, 무엇인가를 함께 만들어 보자는 협력 제안까지 다양하다. 사업의 소개만이 전체 내용일 경우, 엄밀히 말하자면 이를 제안서로 보지 않는다. 사업과 단체의 소개만을 담은 것은 '사업 및 단체 소개서'일 뿐, 제안서는 아니다. 다만, 제안 과정에서 설명 도구로 사용되는 '제안 보조 문서'이긴 하다. 이 관점에서 보자면 사회복지 현장에서 쓰는 '프로포절proposal' 역시 제안서가 아니다. 프로포절은 클라이언트client(수혜자)의 문제를 해결하기 위해 특정 프로그램을 진행하려고 하는 기획을 내용으로 하는 기획서이다. '기획서'를 가지고 제안에 활용하는 것이다. 프로포절과 제안서의 차이를 두고 우스갯소리로 "프로포절은 '한컴 흔글'로 작성하고 제안서는 'MS 파워포인트'로 작성한다"고 하지만, 그보다는 우리 이야기만 있는가 (프로포절, 소개서), 제안 대상자에 특정된 이야기가 들어 있는가(제안서)가 구별의 기준이다.

형태 면에서 보자면, 제안서는 그 길이나 규모에 상관없이 제안 과정에서 사용되는 제안의 내용을 담고 있는 문서를 말한다. 한 장짜리 후원신청서 역시 하나의 제안서이다. 카카오의 '같이가치'나 네이버 '해피빈' 등 인터넷에 업로드 하는 글 역시 일종의 제안서이다. 특정인이 아닌 불특정 다수를 대상으로 했다는 것일 뿐 모금이라는 목적을 가지고 기부라는 참여를 요청하는 '제안서'이다.

기획서든, 소개서든, 제안서든 좋은 글을 쓰기 위해서는 기본기에 충실해야 한다. 글을 좀 쓴다는 사람들의 문서를 살펴보면 문서의 목적과 대상자의 특성을 고려하여 쓴다는 공통점을 가지고 있다. 또한 표현력이 좋고, 무엇보다도 논리가 정연하고 설득력이 있다. 좋은 글은, 작성하는 문서가 따라야 하는 원칙에 충실하며 글의 구조가 탄탄하다는 점도 알 수 있다.

제안서 작성 과정

1. 제안팀의 구성

제안팀 내지 제안서 작성팀은 프로젝트 매니저project manager, PM와 프로젝트 리더project leader, PL, 그리고 팀원으로 구성한다. 대부분 단체에서는 한 사람에게 임무가 맡겨지겠지만 폭넓은 아이디어를 만들고 실수를 줄이려면 팀 단위로 구성하는 것이 좋다. 특히 사업의 내용을 잘 아는 사람과 제안의 요령 및 절차를 잘 아는 사람이 한 팀으로 구성되는 것이 좋다. 대상자에 대한 로비, 제안 총괄, 제안서 디자인 등을 위한 외부 조력자가 필요할 때는 자문이나 계약직 형태로 고용하거나 재능 기부자를 이용하기도 한다.

2. 제안 콘셉트 도출

대상 기업에게 제안할 주제와 금액, 요청사항을 정리한다. 제안이 받아들여질 수 있는 설득 포인트와 제안할 때 중요하게 강조할 부분을 정한다. 아무래도 한 명보다는 여러 명이 낸 아이디어가 나을 때가 많다. 난상토론을 통해 콘셉트를 도출하는 것이 좋다.

3. 자료 수집 및 편집

제대로 된 제안서를 작성하려면 있는 자료를 짜깁기하는 방식으로 작성하면 안 된다. 대상 기업의 특성과 제안 콘셉트에 따라 필요한 자료가 다르다. 필요할 경우 논문이나 외부 자료를 발췌해 내용을 보강하거나 자체 조사나 현장 인터뷰 등을 통해 보다 풍성하고 설득력 있는 문서를 꾸밀 수 있어야 한다. 제안 콘셉트를 잡는 것이 뼈대를 세우는 것이라면 자료 보강은 살을 붙이는 작업이다.

4. 제안서 형태 및 디자인 결정

제안은 종합적인 설득 커뮤니케이션이다. 제안서는 그 커뮤니케이션에서 사람으로 비유하면 외모를 담당하는 최전선의 무기이자 도구이다. 제안서의 디자인과 형태는 그 단체의 얼굴이기도 하다. 정돈되지 않아 어수선한 글과 배치, 혼란스럽고 아마추어 느낌이 드는 디자인은 단체에 대한 신뢰도를 떨어뜨리고 업무 능력에 대한 의심을 사게 한다. 시각적인 부분도 최선을 다해 신경을 써야 한다.

5. 제안서 작성

제안서는 보통 한 명이 작성하지만 양이 많을 경우 분배하여 작성한 다음 합하기도 한다. 처음부터 완벽하게 작성하려 하기보다는 대략적으로 작성하여 전체 흐름을 보고 수정하면서 정교하게 다듬어 가는 것이 좋다. 그 과정에서 의사결정권자도 참여하여 같이 의견을 내고 지도를 하는 것이 좋다. 야근까지 하며 애써 작성했는데 상급자에게 보고하니 전혀 다른 의견을 내어 놓거나 승인되지 않아 처음부터 다시 하는 일이 없도록 해야 한다.

제안서는 본문 격인 제안서와 부속물 격인 요약문과 참고자료(단체 소개서, 단체 홍보물, 기부 관련 기사나 자료 등)로 구성된다.

6. 제안서 내부 검토

제안서를 작성하면 단체 내부 의사결정 원칙에 따라 결재 과정을 거친다. 외부로 나가는 문서이니만큼 제안 대상자의 시각에서 철저하고 냉철한 평가가 이뤄져야 한다. 설익은 제안서를 내보내면 우리 단체의 전체적인 위신과 신뢰를 떨어뜨려 이후 모금 활동에서 불이익을 당하기도 한다.

7. 제안서 외부 검토

제안서를 대상자에게 제출하거나 내부 결재를 받기 전에, 먼저 외부 전문가에게, 혹은 대상자와 유사한 수준과 상황의 대상자에게 먼저 피드백을 받는 과정을 거치기도 한다. 대형 단체는 제안서 자문위원회를 구성하여 검토를 요청하기도 한다.

8. 출력 및 인쇄

출력(프린팅)이나 인쇄 전에는 당연히 시험 인쇄를 통해 오탈자와 전체 수정사항을 교정한 후 최종 인쇄를 한다. 많은 경우 제출기한에 임박하여 힘들어하는데, 이 경우 실수를 하기 쉬우니 여유를 가지고 임하는 것이 좋다. 제안서는 늘 참석자보다 많은 부수를 인쇄해 여유롭게 준비해 갈 필요가 있다.

제안서 글쓰기 원칙

소설이나 수필과는 달리 모금 제안서는 기부라는 한 가지 목적을 가지고 작성되는 문서이다. 그래서 좋은 제안서인지 아닌지는 기부를 얼마나 효과적으로 이끌어 낼 수 있느냐로 판가름된다. 모금에 성공하는 제안서들이 공통적으로 가진 특징을 선별해 보았다.

▌나침반 원칙

모든 나침반의 바늘이 극점을 향하듯 제안서의 모든 콘텐츠는 최종 목표인 '기부 성공'을 향해야 한다. 제안서의 한 장 한 장을 쓸 때 "이 페이지는 목표 달성에 어떤 역할을 하고 있는가?"라고 스스로 묻고 답해 보라. 단체의 신뢰도를 높이기 위한 페이지, 제안 콘셉트를 전달하는 페이지, 기부자의 호감을 유도하는 페이지 등이 각각의 역할을 제대로 수행하고 있는지를 확인하자.

▌일관성 원칙

제목, 단체 소개, 제안 프로그램, 예산, 요청사항, 예우 등 제안서에 들어가는 콘텐츠는 상호 연관성을 가져야 한다. 한 단위는 상위 단위의 실행이자 하위 단위의 원인 및 근거이어야 한다. 앞부분과 뒷부분이 서로 다른 제안서를 종종 본다. 단순한 실수일 수도 있겠지만 논리적 연관성에 신경을 덜 써서 앞뒤가 따로 노는 경우가 대부분이다. 일관성이 결여된 제안서는 이해하기 어려우며 혼동을 일으켜, 제안자와 제안 단체에 대한 불신으로 이어진다. 일관성을 유지하기 위해서는 제안서를 작성한 후 반드시 빠르게 소리를 내어 읽어 보는 방법을 권한다. 장을 넘기는 사이사이에 '그래서'를 넣어 읽어 보면 앞과 뒤의 연결성을 확인할 수 있다. 또한 전부 읽은 후 맨 뒷장부터 거꾸로 읽어 보자. 앞 장으로 넘어올 때 '왜냐하면'이라는 연결구를 넣어 읽어 보자. '그래서'와 '왜냐하면'을 넣어 반복적으로 읽어도 어색하지 않다면 일관성이 갖춰진 것이다.

▌이유 상존 원칙

제안서 내 모든 페이지, 내용, 단어, 그림, 그래프, 문장부호 하나까지 그냥 쓴 것은 없다. 각자 그 이유가 있어야 하고 목적하는 바가 있어야 한다. 가끔 후배들의 제안서를 보다가 이렇게 묻곤 한다. "왜 여기에서 이 글꼴을 쓰셨나요?", "이 그림은 왜 여기 있나요?" 이 질문에 '그냥'이라는 대답은 없다. 철저하게 계산된 제안서만이 제안 대상자를 흔들 수 있다.

▍ 4의 원칙

글의 길이와 관계없이 전달하고자 하는 핵심 메시지는 단순할수록 좋다. 일반적으로 사람이 동시에 처리할 수 있는 기억 단위chunk는 4개라고 한다. 사람들은 매우 많은 정보를 종합적으로 판단하여 의사결정을 하는 것 같지만 실제로는 몇 가지 핵심적인 사안에 대해 결정을 끝내고, 나머지 정보는 그 결정을 보완하기 위한 단서로 사용한다. 너무 많은 메시지는 대상자에게 혼란을 주어 우리가 끌고 가려는 길을 이탈하여 엉뚱한 곳을 헤매게 한다. 제안서를 덮고 다음 질문에 네 가지 이유를 들어 보라. "그래서 내가 왜 기부해야 하는 겁니까?"

▍ 구체성 원칙

사람들은 구체적인 표현을 좋아한다. 두리뭉실한 좋은 이야기를 나열하기보다는 관련 사례를 들거나 자료 비교와 비유 등을 통해서 설명하고, 수치를 통해 의견을 제시하면 이해가 빨라진다. 제목에 숫자가 있을 때 참여율이 73% 증가한다는 연구[*]도 있듯, 논리적인 글만으로 제안서를 작성하는 것보다 구체적인 숫자, 통계 등을 적절히 사용하는 것이 좋다. '국내 최고의 제3세계 구호 단체'보다는 '30년간 총 200여 개국, 3,000만 명에게 2조 원의 구호물자를 배분한 경험이 있는 국내 최대의 구호 단체'라는 표현이 제안 대상자의 뇌 속에 더 명확하게 자리 잡는다. 모금 제안서에서 구체성이 강조되어야 하는 부분은 다음과 같다. 사회 및 개인 문제의 현황과 고통, 기부금을 사용하여 추진하려는 활동의 시기와 장소 및 내용, 추진된 활동이 실제 변화를 만들어 낼 수 있다는 (논리적) 증거, 대상자에게 요청하는 내용 등이다. 구체적인 제안서를 쓰기 위해

• 김규민, 《100만 좋아요를 부르는 카드뉴스 만들기》, 비즈북스, 2017.

서는 관련 논문, 통계 자료, 기사, 인터뷰 등 자료를 조사하고 연구하여
야 한다.

▌평이성 원칙

'대중이 읽는 글은 14세 어린아이가 이해할 수 있게 써라' 하는 말이 있다.
제안자가 자주 하는 실수 중 하나는, 제안서를 받는 이들이 본인만큼 사업
에 대한 지식을 가지고 있고 전후 맥락을 이해한다고 착각하는 것이다. 누
가 들어도 충분히 이해할 수 있는 논리와 콘텐츠, 표현으로 설명해야 한
다. 처음 듣는 사람들이 가지는 궁금증과 그들의 고민을 찾아내 해소시키
는 내용으로 작성해야 한다. 또한 문서의 품위를 위해 지나치게 어려운 언
어나 표현을 사용하면 도리어 핵심 콘셉트에 집중하지 못하게 할 수 있다.
특히 비영리나 사회복지 영역에서만 사용되는 표현을 쓸 경우 기부자들은
대부분 그 의미를 이해하지 못한다. 이를테면 '사례 관리', '노정된', '라포
형성' 등의 표현 말이다. 이를 위해서는 제안 대상자나 기존 기부자들, 또
는 타 업계 종사자들과 늘 대화하면서 그들의 이해 정도와 의문 사항을 점
검해야 한다.

성공의 요점, 제안 콘셉트

제안을 할 때 대상자를 설득하기 위해 주요하게 내세우는 논리나 이유를 '제안 콘셉트concept'라고 한다. 기부자에게는 '기부해야 할 이유' 같은 것이고, 제안자에게는 '기부를 이끌어 내는 핵심 메시지'라고 할 수 있다. '뭐라고 하면 기부를 할까?'에 대한 대답 같은 것이다.

제안서를 쓸 때 가장 먼저 해야 하는 작업이 바로 이 제안 콘셉트를 잡는 것이다. 단체의 입장만 나열하듯 작성한 제안서와 대상자가 관심을 가질 만한 내용을 전략적으로 배치하고 강조한 제안서는 분명히 큰 차이가 있다. 같은 내용이라도 대상자가 다르다면 제안 콘셉트는 달라진다. 완전히 다른 콘셉트일 수도 있고 우선순위가 바뀐 콘셉트일 수도 있다.

제안 콘셉트는 제안서의 핵심이자 전체 글의 뼈대와 같다. 이것을 먼저 정확히 정리하고 준비한다면 나머지는 쉽다. 뼈대에 살을 붙이듯 사실 관계를 붙이고, 표현 방식에 조금 신경 쓰는 수준이면 된다. 제안 콘셉트를 먼저 잡고 제안서를 작성해야 하는 이유는 사람들의 의사결정 특성에 달려 있다. 사람들은 모든 자료를 꼼꼼히 읽어 보고 이성적 판단을 하는 것이 아니다.

대략 듣거나 읽어 보고 자신의 선호와 고정 관념, 가치관, 경험에 빗대어 빠르게 판단한다. 사람들은 인지적 구두쇠*처럼 의사를 결정하며, 말하는 사람이 제시하는 프레임 frame에 따라 제안 내용을 바라본다. 그래서 강력하고 핵심적인 몇 가지를 선정하여 속도감 있게 이야기하는 것이 필요하다.

제안 콘셉트의 발굴과 활용

제안 콘셉트는 '대상자에게 이렇게 말하면 관심을 갖고 기부를 고려할 것'이라는 개념이다. 구체적으로는 단체와 사업의 콘텐츠 중 강조할 부분의 선택, 사업과 대상자 사이의 연결점 찾기, 대상자의 욕구를 해소시켜줄 대안의 제시와 기부를 이끌어 낼 이성적 또는 감성적 콘텐츠 배치 등의 작업을 통해 만들어진다. 제안 콘셉트를 작성하는 순서와 방법은 다음과 같다.

1. 우리 단체의 다양한 속성과 특징을 나열한다(사업 포함).
2. 제안 대상자의 속성과 특징, 요구와 욕구, 불만 등을 나열한다. 특히 기부 결정 요인과 부가적 요구(홍보 등) 및 희망사항을 정확히 기재한다.
3. 대상자가 호감을 가질 만한 단체와 사업의 특성을 선택한다.
4. 단체 또는 사업과 제안 대상자와의 연결점을 찾는다.
5. 대상자의 요구를 해소할 수 있는 아이디어를 구상한다.
6. 제안 콘셉트는 많을수록 좋다. 최대 20개 정도를 찾는다.
7. 제안 콘셉트를 평가하여 활용 가능한 5개 정도의 콘셉트로 재정리한다.
8. 정리된 콘셉트에 대한 세부 자료를 조사한다.

- 인지적 구두쇠(*cognitive miser*)란 정신적 에너지를 아끼며 인지적 부담을 줄이려는 노력이나, 간단한 단서만으로 쉽게 판단하려고 하는 경향을 말한다. 심리학자 수전 피스크(Susan T. Fiske)와 셸리 테일러(Shelley E. Taylor)가 명명한 현상이다.

콘셉트 도출

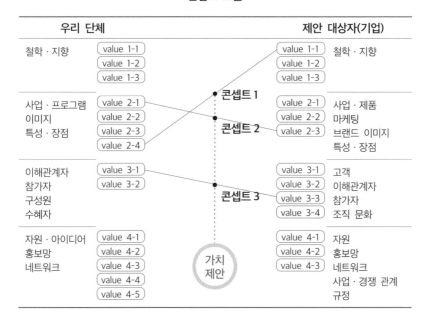

9. 조사된 자료를 포함하여 콘셉트를 재평가하고, 순위를 정한 후 3개를 최종 콘셉트로 정한다.
10. 콘셉트를 표현할 방법(스토리, 비유, 비교, 통계 등)을 찾는다.
11. 제안서에 반영한다.

제안의 콘셉트가 어느 정도 정리되면 '콘셉트 및 메시지 자료집'을 만들어 정리한다. 자료집은 제안 콘셉트와 제안 메시지, 메시지와 관련된 근거 자료 리스트로 구성된다. 이 자료집은 정보 아카이브처럼, 모금 활동 과정에서 지속적으로 사용된다.* 이제 제안 콘셉트를 발굴하는 실제 사례를 살펴보자.

---

* 부록 3 '모금 업무 서식 목록 및 배포처' 참고.

친환경(폐카트리지 수거) 캠페인 제안서의 제안 콘셉트

대상 기업: 국내 통신 기업
제안 프로그램: 학교 내 폐카트리지 수거함 비치 및 수거 캠페인
제안 내용: 캠페인 추진비용

단체, 프로그램 속성	대상자(통신기업) 속성

• 중고등학교 대상
• 교내에서 진행
• 걸스카우트 연맹과 협업 가능
• 유명인들(국회의원 등)로
  이사회 구성
	• 중고등학생 대상 사업 진행
	• 타깃에 대한 직접 홍보 및
	  인지도, 호감도 증진
	• 청소년 관련 단체와의 관계 형성
	• 대관(對官) 업무 및
	  사회저명인사 관계 형성

제안 콘셉트

1. 대상 기업의 소비자군과 캠페인 타깃 그룹의 공통성을 강조하여,
   10대에게 긍정적 이미지를 어필할 수 있는 기회라는 것을 강조한다.
2. 가장 많은 소비자군이 모여 있지만 영리 활동에 제약을 받는 학교 안에서 홍보
   가 가능하고, 관련하여 교육계와 사회적 관계를 맺을 수 있는 기회가 된다는
   점을 부각한다.
3. 믿을 만한 파트너(걸스카우트 연맹)와 함께한다는 것이 관계 확보와 신뢰도 제
   고에 영향이 있다는 점을 강조한다.
4. 공익 활동의 부가적 내용으로 기존 사회공헌 활동을 보강할 수 있다는 점을
   부각한다.
5. 단체의 구성원 중 통신사업에 영향력 있는 사람들이 있다는 점을 부각한다.

종교 건축비용 마련을 위한 제안 콘셉트

대상인: 전국 단위 해당 종교단체 신도
제안 사업: 대형 건물 건립
제안 내용: 건물 건립비용 중 일부

단체, 프로그램 속성	대상자(종교단체 신도) 속성
• 20년간 건물 준비 • 공간이 좁아 외부 공간 임대 • 사회 활동에 적극적, 비전 설정 • 신뢰받는 리더들 존재	• 대형 건물, 시기, 장소에 대한 거부감 • 종교의 사회적 활동과 역할에 대한 지지와 동참 • 올바른 종교생활에 대한 인식 • 막연한 필요성 인정 • 의미와 가치에 대한 집착 • 리더들에 대한 애정과 신뢰

제안 콘셉트

1. 종교의 교리상, 역사상 건물의 필요성과 의미를 강조한다.
2. 단체 역사상 유사한 건물의 개축 및 증축과 그때의 기부의 역사를 보여 주어 동참의 마음을 불러일으킨다.
3. 공간의 필요성과 건축하지 않았을 때의 낭비 요소와 비용을 구체적 숫자로 부각한다.
4. 건축물이 한국사회에서 담당할 의미와 역할, 비전을 강조한다.
5. 논란이 된 다른 종교, 다른 건축물과의 비교를 통해 차별점을 강조한다.
6. 신뢰를 받는 핵심 중간 지도층들이 나서서 각자의 논리로 설득한다.
7. 단체 운영의 방향성에 맞춘 친환경적이고 검소한 건물로서의 실용성을 부각한다.

제안의 콘셉트를 잡은 후에 바로 제안서를 작성하기보다는 제안 콘셉트를 평가하는 과정을 거치는 것이 좋다. 평가는 내부에서 자체적으로 진행하는 방식과 잠재 기부자 몇 명을 선정하여 진행하는 방식이 있다. 평가는 설문이나 인터뷰로 진행하며 이 과정에서 새로운 제안 콘셉트가 도출되기도 한다.

Q 5. 아래는 이번 건축 모금의 의미를 설명한 내용입니다. 혹시 동참하고 싶은 마음이 생기시나요?

건축과 모금의 의미	아니요	그래요	매우 그래요
수닷타 장자가 부처님께 기원정사를 보시하는 마음과 전통처럼, 불교도이자 사찰의 신도라면 불사 모연에 동참하는 것은 당연합니다.			
건축 불사 자체가 목적이 아니며 교세를 키우는 것이 아니라 올바른 법을 전수하고 사회적 가치를 전파할 수 있는 공간을 만들기 위함입니다. 그런 의미에서 불사는 삼보(불, 법, 승)를 담는 큰 그릇을 만드는 일입니다.			
이번 건축 불사는 근 20년 동안 지속되어 온 공간 부족을 해결하고, 폭발적으로 늘어나고 있는 공간 수요를 대비하기 위함입니다.			
본 사찰은 규모와 상관없이 늘 가난한 마음으로 살고자 하는 곳입니다. 만들 공간의 크기는 필요에 의해서 정해질 뿐, 그 규모가 우리를 표현하는 것이 아니라는 것을 알고 있습니다. 그래서 공간은 필요한 만큼 짓지만 그 내용은 검소하게 짓고자 합니다. 장식적 요소를 줄이고, 친환경 건축을 실현하며, 공간 효율이 좋고, 에너지 소비가 적은 건물을 지어서 '검소한 현대판 기원정사'를 구현하고자 합니다.			
현재 부족한 공간으로 외부 건물 임대료와 외부 행사장 대관료, 그로 인해 발생하는 운영비가 연 ○억 원 정도입니다. 앞으로 20년간의 공간 수요를 예측해 보자면 20년 동안 무려 ○○억 원이 임대료와 관리비로 나가야 합니다. 그에 비해 건축비는 약 ○○억 원으로 비용 면에서도 훨씬 이득입니다. 땅값 상승에 의한 초과 이익은 제외하고라도 낭비가 아니라 절약입니다.			

Q 6. 이 내용 이외에 '이렇게 얘기하면 회원들이 동참할 것이다'라고 생각되는 내용이 있으신가요?

자료: 종교단체 건축 모금 제안 콘셉트 평가 설문지.

경험상, 두꺼운 제안서라도 대부분 제안 콘셉트가 나타나 있는 콘텐츠 몇 개에서 기부의 여부가 결정된다. 제안서는 이 제안 콘셉트에 여러 방법으로 살을 붙여 표현한 문서에 지나지 않는다. 제안 콘셉트는 그 내용만 별도로 정리하여 제안 콘셉트라는 목차로 구성되기도 하며, 단체나 사업의 소개 등 제안서의 각 부분에 다양한 형태로 포함되기도 한다. 최종 완료된 제안 콘셉트는 글, 그림, 도표 등으로 표현되거나 영상 등으로 만들어질 수도 있고, 제안의 과정에서 구두로 대상자에게 얘기되기도 한다. 콘셉트에서 순위를 선정하여 대상자에게 가장 큰 영향을 미칠 수 있는 강력한 콘셉트를 주로 사용하지만, 쓰이지 않는 콘셉트 역시 대면 제안 시 유용하게 쓰일 때도 있다.

제안 콘셉트를 정했다면 이제 제안서를 하나하나 채워 보자. 제안서의 도입부, 사업 소개, 단체 소개, 요청사항 제시, 기부자 편익 제시, 마무리 순으로 어떤 내용으로 채워야 기부를 받기에 좋은지 살펴보자. 눈여겨볼 부분은 제안 콘셉트가 어떻게 각 부분에 녹아들었는지이다. 스스로 기부자의 입장이 되어 만약 이렇게 쓰인 제안서를 받는다면 어떤 느낌일까를 상상하면서 읽어도 많은 영감을 얻을 수 있을 것이다.

제안 콘셉트 도출 훈련

모금 실무자를 교육시키다 보면, 제안 콘셉트 잡는 것을 매우 어려워한다. 그런 식으로 고민하고 준비해 본 경험이 없는 이들에게 이런 방식은 낯설고 어려운 숙제와 같다. 이를 해결하기 위해 워크숍 때 일상에서 쉽게 접할 수 있는 상황을 가정하고 역할 게임을 해 본 적이 있다. 예를 들어, 전자회사 판매원이 되어서 고가의 노트북을, 절대 살 것 같지 않은 대상자에게 팔아 보라고 한다. 제안 콘셉트는 '뭐라고 말하면 그 분이 노트북을 살까요?'라는 질문에 대한 답이다. 놀랍게도 대부분의 워크숍 참가자들은 제안 콘셉트를 먼저 고민하고, 요령 있게 설득해서 노트북 판매에 성공한다. 이런 훈련을 반복하면 비로소 제안 콘셉트를 정확히 이해하게 되고, 무엇보다도 제안에 앞서 '무엇을 말해야 할까?'부터 고민하는 습관을 가지게 된다.

제안 콘셉트 도출 훈련

판 매

제안 물품	제안 콘셉트	제안 대상자
• 고가 노트북 • 3,500,000원 • 최신·최고 사양	1. _____ 2. _____ 3. _____	• 중산층 여성 • 68세, 독거

제안서 작성 기술

제안서를 써 보라고 하면 대부분의 실무자들은 책상에 앉아 바로 사업과 단체 소개부터 쓰기 시작한다. 아니면 유사하게 작성된 (베낄 만한) '참고 문서'부터 찾는다. 이런 방식에서 벗어나자는 것이 이 책의 목적이다. 우선, 제안의 대상자가 누구인지 확인하고 단체가 요청할 내용을 정한 후 그 대상자를 생각하면서 '뭐라고 하면 이 사람이 기부를 할까?', '사업 내용 중 어떤 부분에 관심을 더 가질까?', '사업과 대상자 사이의 연관성은 무엇일까?', '무엇을 해 준다고 하면 매력을 느낄까?', '우리 단체의 어떤 부분을 강조하면 좋아할까?'라는 고민을 먼저 해 보자는 것이다. 사업의 일반적 소개는 한참 뒤에 해도 된다.

다시 한 번 말하지만 소개서와 제안서는 다르다. 현장에서는 제안서 없이, 기존의 단체 소개서와 프로그램(사업) 설명서, 후원신청 리플릿, 작년도 결산서 또는 연간 보고서를 갖고 가서 제안에 임하는 경우가 있다. 물론 제안서에 정답은 존재하지 않고 '제안에 성공하는 제안서'가 가장 좋은 제안서이기에, 그런 행위가 꼭 틀린 것은 아니다. 하지만 수많은 제안의 고수들은 '가치가 높은 사업을 담은 제안서, 대상자와 관계가 있고 그들의 요구를 해결해 주는 제안서'가 성공 가능성이 높다는 것을 경험을 통해 알고 있다.

제안서는 자신의 단체와 사업을 소개하고 설명하는 기능을 넘어서, 상대방의 요구에 적극적으로 대응하면서 설득하는 문서이다. 그래서 제안서 작성의 시작점은 당연히 '대상자'여야 한다. 고민의 출발점이 '우리'가 아닌 '그 사람(기업)'이여야 한다는 것이다. 제안서를 작성할 때 좋은 태도는 지금 쓰고 있는 글이 대상자에게서 기부를 이끌어 낼 수 있는가를 스스로에게 질문하면서 쓰는 것이다. 그래서 대상자의 이름이나 프로파일profile(대상자의 개요와 특성을 간략히 정리한 것)을 인쇄하여 벽에 붙여 놓고 그것과 대화하면서 제안서를 쓰는 전문가도 있다. 제안의 고수가 제안서 작성 전 스스로에게 질문하는 것들은 다음과 같다.

- 예상되는 (또는 확인된) 제안 대상자의 기부 결정 요인은 무엇인가?
- 그 요인을 어떤 방법, 사업, 메시지, 접근으로 만족시킬 수 있을까?
- 제안서의 내용에 위의 내용을 어떻게 반영(표현)할까?

이 질문에 대한 답이 어느 정도 정리되면 구체적으로 문서를 작성한다. 제안서는 크게 보면 단체 소개, 제안 사업(기부 요청 대상 프로그램) 소개, 기부자 제공 편익, 요청사항, 첨부 문서 등으로 구성되어 있는데, 성공 가능성이 높은 제안서에는 아래와 같은 내용이 담겨 있다.

- 대상자가 원하는 사업(사업, 프로그램, 활동)
- 매력적으로 소개된 사업
- 신뢰도 높게 보여지는 단체
- 대상자와 관계성이 높은 제안 내용

- 대상자의 사업 외 부가적 요구(욕구)의 해소 방안
- 적정한 규모의 요청사항

이제 이 내용을 실제 제안서에 어떻게 구체화할지에 대해, 제안서 작성의 순서에 따라 설명하고자 한다.

제안의 수용도를 높이는 도입부 작성법

표지와 인트로intro, 차례(목차), 그리고 전체 요약 또는 주요 어필 내용이 포함되는 도입부는 제안서의 얼굴이다. 주요한 역할은 호감과 흥미를 갖게 하고, 얼어 있는 분위기를 누그러뜨리고, 전체 제안을 조망할 수 있게 하며, 제안 주제를 1차로 전달한다.

▎ 표지(제목)

제목은 제안의 내용을 가장 빠르게 인식할 수 있도록 작성하는 것이 좋다. 간혹 비영리나 사회복지, 행정 영역에서 3행시나 4행시 형식으로 말을 억지로 만드는 경우가 있는데 이는 자칫 아마추어 같은 느낌을 줄 수 있으니 신중하게 사용하는 것이 좋다.

제목은 대체로 '목적 또는 대상자 + 제안 사업 + 제안서 또는 후원 요청서' 등으로 작성한다. 'OO를 위한 OO사업 제안서'라는 식이다. 'OO에게 드리는', 'OO과 함께하는'처럼 제안 대상자의 명칭을 넣기도 한다. 필요할 경우 부제를 달거나 대상자와 관계된 문구나 어필할 수 있는 문장을 같이 쓰기도 한다. 표지에 너무 많은 내용을 담거나 디자인을 현란하게 하면 신뢰도를 떨어뜨릴 수 있다. 다만 제안의 내용이나 대상자에 따라서 공식 제안서의 느낌에서 벗어난, 디자인 문서 같은 느낌으로 시작할 수도 있다.

자료: 아름다운가게(좌), 서울시 교육청(우).

▌인트로

영리 기업의 제안과 달리 공익 영역 모금에서 중요한 순서이다. 아무래도 공익 사업에 대한 동참을 요청하는 제안이기 때문에 이익을 따지는 영리 기업의 것과 달리, 분위기를 부드럽게 만들 수 있는 과정이기도 하다. 사업을 제안하는 단체의 포부나 가치관을 적기도 하고, 긍정적 이미지를 만들 수 있는 감성 메시지를 적거나 대상 기업과의 관계를 강조 또는 환기시키는 내용을 담기도 한다. 부담스러운 부탁이나 영리 목적의 계약을 목적으로 하는 갑을 관계의 협력업체를 대하는 태도에서 벗어나, 지금부터 애기할 내용이 공익 활동에 관한 것임을 상기시킴으로써 대상자들의 무장을 해제시키는 기능을 하는 페이지이다. 필자는 꽃 사진을 주로 활용한다. 꽃은 거의 모든 대상자들에게 통하는 분위기 메이커이고, 공익 활동의 상징으로도 받아들여지기 때문이다. 무엇보다도 보는 사람의 기분을 좋게 한다. '꽃 사진이 들어간 제안서'가 필자만의 상징이다.

자료: 아름다운가게.

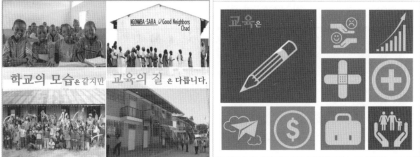

자료: 월드비전.

▮ 도입부에서 스토리텔링의 활용

모든 커뮤니케이션에서 스토리텔링storytelling은 갈수록 중요해지고 있다. 독거노인 목욕 봉사 권유와 관련한 스토리텔링의 예시를 살펴보자.

> **사 례**
>
> "여러분은 목욕에 대해 어떻게 생각하십니까? 우리에게 목욕은 피로를 풀고 미용을 하는 행위 그 이상도 이하도 아니지요. 그런데 거동이 불편하신 노인분들에게 목욕이란 무엇일까요? 몸은 불편하지만 정신은 온전하신 분들입니다. 몸을 못 움직여 자기 몸조차 닦지 못할 때 스스로가 짐승처럼 느껴진다는 표현까지 하십니다. 이분들에게 목욕을 시켜드리면 그때만큼은 인간으로 돌아온 것 같다며 너무나 좋아하십니다. 목욕은 누군가에게는 미용이지만 누군가에게는 인간으로 살 수 있는 순간입니다. 여러분, 독거노인분들에게 인간으로 살 수 있는 시간을 선물해 주지 않으시겠습니까?"

실제 상황이 눈에 보이는 듯 생생한 스토리는 듣는 이의 상상력을 자극하고 이해도를 높여, 전달하고자 하는 가치를 분명하게 나타낼 수 있다. 특히 도입부에서 스토리텔링을 활용하면 감정적으로 유리한 고지에서 제안을 전개할 수 있다.

스토리텔링은 특정 수혜자의 사연, 유명한 일화, 최근의 이슈, 모금가의 경험 등을 토대로 만들 수 있다. 제안서의 경우 스토리보드 형태로 표현할 수도 있고 사진 한 장만 넣어 궁금증을 유발한 후, 발표에서 이야기로 풀어나갈 수도 있다. 영상매체(프로젝터, 태블릿tablet PC, 핸드폰 등)가 가능하다면 영상을 활용할 수 있다. 다만, 너무 길어 지루함을 느끼게 하거나 본론을 이야기할 시간이 짧아지면 곤란하다.

자료: 한국어린이안전재단.

일본의 유명한 교육 관련 동영상을 활용해 스토리텔링을 시도한 제안서.

자료: 서울시 교육청.

▮ 차례

공익 단체의 모금 제안서에는 일반적으로 생략하기도 하지만, 제안서의
전체적인 차례와 발표 순서를 설명하기 위해 넣는 경우도 있다. 대략적으
로 앞으로 어떤 내용을 말할 것인지를 쓰되 보고서가 아니므로 꼭 페이지
를 표시하면서까지 딱딱하게 쓸 필요는 없다.

자료: 자체 작성.

자료: 한국어린이안전재단.

▌요약

할 말의 요약이나 핵심적인 내용을 앞쪽에 배치할 필요가 있다. 즉, 연역적으로 이야기를 풀어나가는 것이 좋다. 앞에서 많은 이야기를 중언부언한 후 나중에 핵심 메시지를 말하려 하면, 막상 시간이 부족해 난감한 상황이 되기도 한다. 제안의 전체 내용을 요약하거나 핵심을 정리해서 먼저 전체 내용에 대한 조망이 가능하도록 한다.

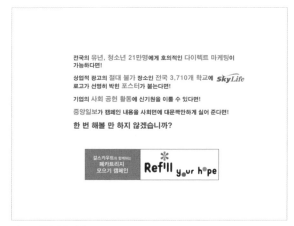

자료: 아름다운가게.

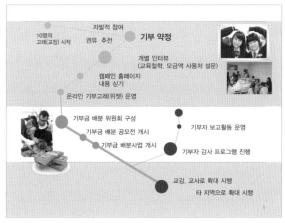

자료: 서울시 교육청.

자료: 로터스월드.　　　　　자료: 환경재단.

동참할 만한 매력을 느끼게 하는 사업 및 프로그램 소개 작성법

같은 사업이라도 어떤 부분을 강조하느냐에 따라, 또 사업에 어떤 의미를 부여하느냐에 따라서 전혀 달라 보이기도 한다. 제안서에 사업 내용을 담는 것은 일반 기획서(프로포절)에서 사업 내용을 충실히 설명하는 것과는 조금 다르다. 제안서에서는 기본적인 설명에 포장을 덧붙여 좀더 매력적인 사업으로 보일 수 있도록 다음과 같은 작성 기법을 동원해야 한다.

- 사업 내용에서 대상자에게 어필할 수 있는 강조점을 찾아낸다.
- 사업 내용과 대상자와의 연관성을 찾아내 부각한다.
- 사업 자체의 사회적, 공익적 의미와 가치를 높여 표현한다.
- 사업이 대상자에게 줄 수 있는 의미를 발견하여 제시한다.
- 사업을 더욱 극적으로 보이게 하기 위한 보완 장치를 마련한다.

사실 사업이 훌륭하고 다른 사업과 차별점이 두드러진다면 동참을 이끌어 내기는 훨씬 수월하다. 다른 단체도 하고 있는 너무나 뻔하고 일반적인 사업으로 기부를 이야기해야 하는 것은, 좋지 않은 제품을 팔아야 하는 영업사원의 고뇌와도 같다. 다행인 점은, 영리 기업의 영업사원은 제품을 바꾸거나 개선할 여지가 거의 없지만 공익 단체에서는 일부 가능하기도 하다. 기부자의 반응을 사업 담당자에게 전달하여 기부자의 의사를 사업에 일정 부분 반영하도록 할 수 있다. 그래서 몇몇 모금 단체들은 사업 기획 초기에 모금 담당부서 인력을 포함시켜 사업에 대한 그들의 이해도 높이면서 기부자의 선호나 반응을 고려한 사업을 기획하기 위해 노력한다. 영리 기업으로 치자면 제품 개발 초기에 고객을 잘 아는 영업사원을 참여시키는 셈이다.

사업의 변경이나 조정이 불가능하다면 기존 사업 내용에서 기부자에게 가장 매력적인 부분이 어떤 것인지를 찾아내야 한다. 제안 콘셉트를 발굴하듯 사업 소개에서의 콘셉트도 찾아내야 한다. 이를테면 한 단체에서는 해외 아동교육 지원 사업 모금을 진행할 때 아동교육 지원의 여러 가지 실행 아이템 중 기부자 조사에서 선호도가 가장 높았던 '학교 건축 및 수리'와 '학용품 지원'을 앞세우고 해당 사업의 가장 중요하고 핵심적인 내용인 '선생님 교육'을 뒷부분에 가도록 순위를 조정한 것도 사업을 기부자에게 매력적으로 보이기 위한 기법을 활용한 것이다.

프로그램을 설명할 때 유용하게 사용할 수 있는 간단한 글의 구조는 BAI 형식이다. BAI란 사업의 배경과 동기, 필요성을 말하는 배경background과 단체에서 수행하는 활동activity, 그리고 그 결과로 나타나는 변화 또는 성과impact를 중점으로 보여 주는 형식을 말한다.

▌배경(background 또는 problem)

사업이나 프로그램의 시작 배경과 동기를 밝힌다. 공익 영역의 사업은 대부분 어떤 사회문제를 해결하기 위해서 시작된다. 그 문제의 현황과 원인, 고통의 상태, 문제를 둘러싼 어려움, 방치하면 나타날 혼란 등을 글, 사진, 그림, 스토리, 통계, 기사, 인터뷰, 그래프 등을 통해서 표현하는 것이다. 이때 그 문제의 심각성과 절박성을 강조하는 것이 중요하며, 문제가 야기할 수 있는 다양한 2차 피해 등도 언급할 필요가 있다. 해당 문제로 제안 대상자의 이해관계자가 받을 수 있는 피해(예를 들어 고객의 감소, 환경오염, 범죄의 증가 등)가 있다면 이를 요령 있게 표현해 보는 것도 좋다.

- 누구의 문제인가?
- 왜 문제인가?(도덕, 윤리, 규범, 법 등)
- 이 문제로 인한 고통의 현황은 어떠한가?
- 해결할 만한 가치가 있는 문제인가?
- 문제의 원인은 무엇인가?
- 왜 문제가 해결되지 않고 있는가?
- 지금까지 어떤 해결책이 진행되었는가?
- 기존 해결책들의 한계는 무엇이었는가?
- 누가 이 문제 해결을 어느 정도로 원하는가?
- 해결되지 않았을 때 발생하는 추가적 고통(2차 피해)은 무엇인가?
- 제안 대상자가 받을 수 있는 고통은 무엇인가?

왜 이 사업이 시작되었는지에 대한 합리적 이유가 주요 콘텐츠인 이 대목을 읽으면서 대상자로 하여금 사업의 필요성에 대해 공감하고, 변화에 동참하고 싶은 마음이 일게 해야 한다.

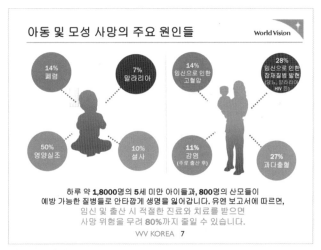

자료: 월드비전.

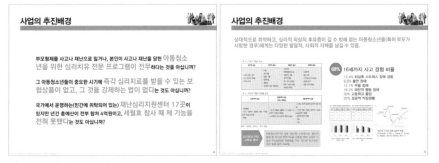

자료: 한국어린이안전재단.

자료: 한국상생협력협회.

자료: 환경재단.

자료: 사회적기업 디스에이블드.

▌활동(activity 또는 solution)

앞서 거론한 문제를 해결하기 위해 단체에서 어떤 일을 할 것인지 구체적으로 적는다. 일반적으로는 사업의 개요, 목적과 목표, 운영 내용, 운영 조직 등으로 구성된다. 어찌 보면 제안서라는 문서에서 담당자가 가장 알리고 싶은 내용일 것이다. (물론 제안 대상자가 가장 보고 싶은 내용은 아닐 가능성이 크다. 경험상 대상자들이 사업 얘기만 듣고 기부를 결정할 때 사업 배경 40%, 사업 활동이 30%, 기부자 이익이 30% 정도였다. 물론 기부자마다 다르기 때문에 일반화하기에는 무리가 있기는 하다.)

- 어떤 방식으로 문제를 해결(개입)하려 하는가?
- 문제 해결이 가능한가? 가능하다면 그 근거는 무엇인가?
- 다른 해결책과 다른 점이 있는가?
- 해결책은 어떤 과정으로 실행되는가?
- 실행할 때의 조직과 운영방식, 준비는 무엇인가?

활동 부분을 작성할 때는 활동의 효과성 검증과 활동의 차별점, 이 두 가지를 중점적으로 고민하여 적는다.

추진하고자 하는 사업이 앞서 제시한 사회문제를 해결하는 데 정말 효과적인지를 증명하는 것은 제안서에 대한 신뢰를 가져온다. 이왕이면 잘되기를 바라는 것이 인지상정인지라, 기부하는 사업이 사회문제를 효과적으로 해결할 수 있다는 신뢰를 줄 수 있다면 기부를 결정하는 데 훨씬 수월할 것이다. 활동의 효과성을 논리적으로 검증하는 것을 '경험적 근거'라고 하는데, 다음의 다섯 가지 방법으로 제시할 수 있다.

- 우리 단체에서 진행한 사례를 통한 근거
- 타 기관에서 진행한 사례를 통한 근거

- 관련 논문에서 말하거나 표현된 근거
- 전문가의 의견(기고문 등)으로 정리된 근거
- (국내외 학자 또는 기관에서 개발 및 정리된) 이론적 근거

　제안 대상자들은 무수히 많은 제안을 받고, 그 제안의 내용은 대부분 대동소이하다. 그럴 때 우리 단체의 사업이 다른 곳과 달리 어떤 특징을 가지고 있는지를 잘 보여 주는 것이야말로 그들의 신뢰를 획득하는 가장 빠른 길이다. 차별점의 강조는 꼭 사업 활동 소개에서만 필요한 것이 아니니, 조금 뒤에 한번에 설명할 것이다

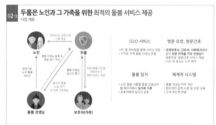

자료: 케어코드(좌), 사회적기업 디스에이블드(우).

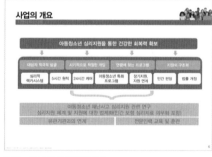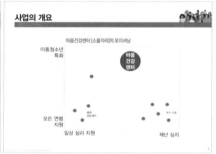

자료: 한국어린이안전재단.

자료: 월드비전.

▮ 변화(impact 또는 outcome)

기부 요청은 크게 보면 약속이다. 다시 말해, 그 돈을 받아서 제안한 내용에 제대로 쓰겠다는 약속이자 제안한 내용을 성실하고 효율적으로 집행하여 약속한 효과를 내겠다는 다짐이다. 기부자 역시 가장 원하는 것은 변화이다. 자신이 착한 사람이라는 뿌듯함과 만족감, 세제 혜택도 기부를 통해 얻을 수 있는 중요한 대가이겠지만 자신의 돈이 잘 쓰여서 단체가 약속했던 변화를 이끌어 냈다면 더할 나위 없이 즐겁고 기쁠 것이다. * 해당 문제에 대해 단체가 준비한 해결책을 가동시켰을 때 어떤 변화가 일어날 것인지를 눈에 보이듯 제시해 주는 것은 매우 중요하다.

- 해결된 상태는 어떤 것인가?
- 해결된 상태를 구체적인 숫자나 사진, 스토리로 표현한다면?
- 해결이 되면 누가 어느 정도로 좋은가?
- 해결이 됐을 때 기대되는 파급 효과는 무엇인가?
- 해결이 됐을 때 제안 대상자에게 좋은 점은 무엇인가?

많은 제안서에서 이 부분을 '기대 효과'라는 명칭으로 제시하지만 조금 약하다. 두리뭉실하고 뭔가 와 닿지 않는 미사여구만을 나열한 기대 효과는 제안 대상자의 마음을 울리지 못한다. 유사한 사례에서 보인 변화를 토대로 설명하는 방법도 있으며, 작은 시범 사업의 성공 사례 등도 유용하다. 기대 효과의 다른 표현은 '연쇄 파급 효과'이다. 즉, 해당 사업의 성공

---

* 미국의 자선단체인 스마일 트레인(Smile Train)이 했던 현장 실험에서 수혜자의 변화 전 사진과 변화 후 사진을 동시에 제시했을 때 기부율이 17% 높아진 사례가 있다(출처: 스튜어트 다이아몬드 지음, 김태훈 옮김, 《어떻게 원하는 것을 얻는가》, 에이트포인트, 2011, 291~292쪽).

이 가져올 수많은 이해관계자들의 변화가 바로 기대 효과이다. 다음 세 가지 내용을 중점으로 표현하면 된다.

사업의 운용 성과

- 목표했던 성과들로 인한 (직접적인) 수혜자의 변화
  (목적과 목표에서 언급했던 내용을 다시 한 번 써 준다.)

사업의 파급력

- 프로그램이 가져온 유무형의 (간접적) 파급 성과
- 하나의 활동이 가져오는 연쇄적, 부가적 결과들
- 수혜자 가족, 커뮤니티, 사회, 국가에 미치는 영향

사업의 의미

- 해당 분야에서 사업의 성공이 가지는 위상과 의미

이렇게 정리된 변화의 내용과 결과를 숫자나 그래프, 사진, 스토리(삽화, 만화, 서화 등), 비교표 등으로 표현해 보라. 적은 돈을 기부하였지만 그 성과는 결코 작지 않음을 보여 줄 필요가 있다. 물론 기부자들은 자신이 낸 비용이 큰 변화를 일으킨다는 점을 믿지 않으려 하고, 과장이라고 보고 민망해하거나 부끄러워하지만, 칭찬과 격려는 부족한 것보다 넘치는 것이 낫다. 또한 기부자는 자신의 기부가 실질적인 효과를 발휘하는 것을 보며 기부의 지속을 약속하게 된다.

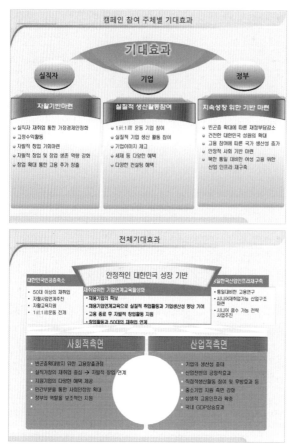

자료: 행복공학재단.

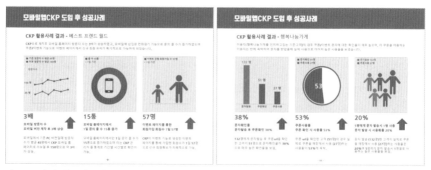

자료: 쿠킹 엠(일부 재구성).

기증, 기부의 기쁨과 보람

연말이면 떠들썩한 기부금 행사들... 그러나 이런 1회성 기부는 해마다 반복될 뿐, 자체의 수익재생산 구조를 갖고 있지 못합니다. 아름다운가게는 일단 매장을 열면 시민들이 기부한 헌물건을 되팔아 지속적인 수익을 창출합니다. 따라서 매장 오픈 후 별다른 추가비용 없이 정기적으로 지역사회의 어려운 이웃과 단체를 도울 수 있습니다. 또한 매일매일의 기증품 수집, 판매, 자원활동을 통해 나눔을 위한 자금이 마련되므로 매장기증자, 자원봉사자, 물품 구매자 모두 나누는 기쁨을 경험할 수 있습니다. ....

웅진닷컴이사(방학점 기증)
방학점 오픈 1주년 행사에서

... 아름다운가게를 한 번 마음에 두고 나니 아름다운가게에 대한 이야기가 자주 들리더군요. 우리나라의 기부단체는 기부금을 모으는 곳이 대부분이잖아요. 그것과는 다르게 자체의 수익사업이 있고, 사업을 통해 수익을 늘려서 사회에 환원한다는 게 마음에 들었습니다." ...중략

음...뭐랄까... 아이를 보는 부모의 마음 같은 느낌이 들더군요. 뭔가 그 공간으로부터 태동되었으면 좋겠다는 생각이 들어요. 지역주민도 많이 드나들었으면 좋겠고, 장사도 잘 되었으면 좋겠다는 생각이 늘 가슴 한 쪽에 자리하고 있어요.

안산고잔점 기증자 김홍이.
매장기증자 인터뷰 중에서

지역민은 행복해지고
- 지역민들의 중고품 처리 대안 제공
- 지역 쓰레기 문제의 해결책 기능
- 지역의 환경 질 향상을 위한 채вр

 확보
- 지역민들의 품앗을 키울 수 있는 기회 제공
- 지역민들이 일구어 가는 자립 복지 시스템
- 지역민들의 생활 소통 커뮤니티 형성
- 지역 현안에 대한 공통 논의 장소의 확보
- 지역민들의 사회공헌 활동의 자극제, 시발점

수혜자들은 살 맛 나고
- 지역 경제적/문화적 소외 계층에 대한 직접 지원
- 지역 시민사회단체 공익 활동에 대한 지원 허브

기증자께서는 부듯해지고
- 매장 명예점장으로 위촉(매장내외부 동판 설치)
- 세상에서 가장 효과적인 자녀 교육/유산
- 개인적 자부심과 주위 사람들에 대한 역할 모델
- 일회성이지 않은 지속적인 사회공헌의 터전

지역 지도층분들은 알 일이 생기고
- 시민들과의 직접적 교류의 장소 확보
- 지역 시민 사회에 대한 공익적 역할 증대
- 지역민에 대한 봉사의 기회 확대
- 지역 사회에서의 긍정적 영향력 증가
- 지역민-지역기업-공공기관-지역시민단체의 교류 활성화의 핵심

덤으로 병원에도 도움이 됩니다.
- **강력한 긍정적 홍보 효과**
  (매인 일간지, 방송, 지역방송, 잡지 등)
  ※육외광고 효과/매장 방문자 효과로 밥벼 매장 개설시 월 10억의 홍보효과 추정 ·가·웅진 자체 자료 (서울 방학점)
- **기부를 통한 세금 감면 효과**
  법인세법, 소득세법에 따른 세금 감면
- 애정이 가고, 신뢰감 있는 병원으로의 이미지 획득
- 직원들의 사기 진작, 회사에 대한 자부심 획득
- 직원들간의 긍정적인 분위기 형성으로 직무만족도, 의사소통 증가
- 직원의 사회공헌 학습장으로 활용
- 사회 공헌 참여 인원(임원-직원-소비자)간의 유대감 강화

·16점/금액 기부 내역 홍보 체계
출해미디어 회원 · 1만명/일방문자 2,000만명/
뉴스레터 회원 · 6만명
소득 마무발표자 · 4500여명
감면 임원 · 전국 50개 지도자금 500여명

자료: 아름다운가게.

뉴욕의 로빈후드 재단(Robin Hood Foundation)의 캠페인에서는 스토리텔링을 이용했다. 이 재단은 기부자의 도움을 받는 수혜자의 신상을 상세히 공개하고 기부자의 후원으로 인해 그가 어떻게 변해 가는지를 세세히 설명한다. (미국은 수혜자 정보 공개에 대한 법이나 문화가 우리와 다르다.)

자료: 로빈후드 재단, https://robinhood.org/.

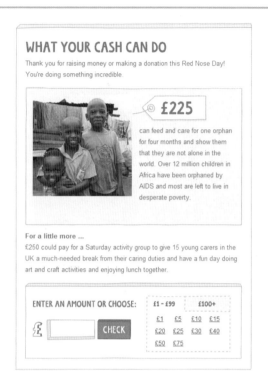

영국의 재단 코믹릴리프(Comic Relief)가 기획한 프로그램은 기부액에 관한 다양한 옵션을 마련해 두고, 기부액에 따라 어떤 기부 효과를 낼 수 있는지 바로바로 볼 수 있도록 준비했다. 1파운드가 만드는 변화, 30파운드가 만드는 변화, 225파운드가 만드는 변화를 보며 기부자는 기부가 주는 효과를 체감하며 더 많은 기부를 하고 싶은 욕구를 자연스레 느끼게 된다.

자료: 코믹릴리프.

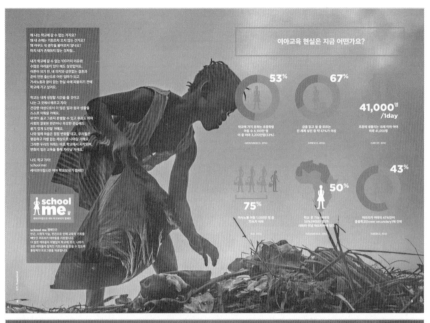

BAI 형식의 구조가 잘 보이는 모금 캠페인.
자료: 세이브더칠드런.

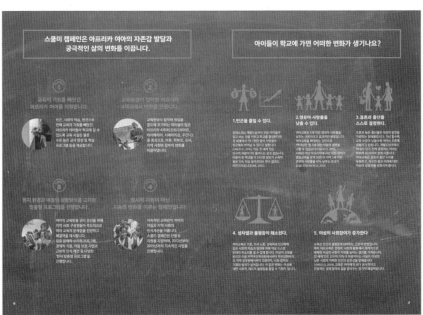

임팩트 스탯

임팩트 스탯(impact stat, 변화 통계)은 기부자에게 구체적인 변화를 보여 주라는 뜻이며, 더 간단하게는 숫자로 드러내라는 말이다. 줄글로만 이어지는 제안보다는 숫자와 그래픽과 통계가 적절히 어우러진 제안이 설득력을 갖는다. 물론 공익 활동의 성과는 수치화되기 어려운 부분이 많다. 그러나 막연한 설명만으로 활동의 당위성을 표현하기 힘들다면, 어렵더라도 활동을 숫자로 계산해 볼 필요가 있다.

특정 사업의 장점을 소개할 때도 통계적 수치는 유효하다. 아름다운가게의 사례에서 보이듯 일반 일회성 자금 지원과 매장 수익을 통한 지속적 지원이 얼마나 차이가 나는지를 도표로 보여 주면 많은 이들이 납득할 수 있는 자료를 만들 수 있다.

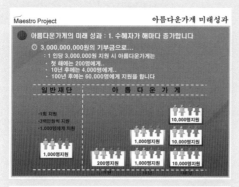

자료: 아름다운가게.

148

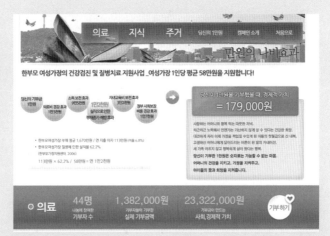

자료: 아름다운재단.

자료: 사회적기업 디스에이블드.

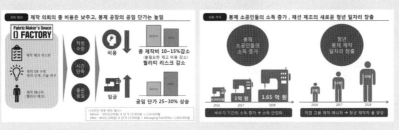

자료: 사회적기업 공공공간.

▌ 차별화

BAI 구조로 작성해도, 나열하듯 담담하게 설명하는 것만으로는 기부자의 마음을 흔들 수 없을 때가 많다. 매력을 유발할 수 있는 차별화differentiation된 콘텐츠가 없다면 말이다. 그래서 같은 사업을 소개하더라도 BAI 형식의 각 항목을 차별점 위주로 기술하는 훈련이 필요하다. 유사한 사업과 다른 점을 강조하다 보면 제안하는 사업의 가치가 부각되기 때문이다. 이때 '최'〔最〕씨 집안과 '신'〔新〕씨, '유'〔唯一〕씨 집안을 들먹이는 것이 좋다. 사업의 추진 배경에서는 최대의 문제, 최악의 문제, 최고 어려운 사람들의 문제, 최소의 지원과 관심을 다룬다거나 새로운〔新〕 대상, 새로운 문제, 새로운 문제의 원인을 다루는 사업이라고 강조하는 것을 고려하고, 사업의 주요 활동에서는 최초의 활동, 최고의 활동, 최선의 활동, 최신의 활동이나 콘텐츠임을 강조하거나 새로운 방식, 새로운 접근법, 새로운 운영법으로 진행하는 사업이라는 점을 강조할 수 있을 것이다. 변화에서도 최고의 효과, 최선의 효과, 새로운 의미 등을 표현할 수 있으면 좋다. 물론 이런 활동을 하는 곳이 우리가 유일하다고 말할 수 있다면 금상첨화이다.

BAI구조에서 차별화

차별화		배경 Background	• 새로운 대상/문제/원인 • 최대/최악/최빈/최소
	→	활동 Activity	• 새로운 방식/접근/운영 • 최초/최고/최선/최신
		변화 Impact	• 최고/최대/최초의 효과 • 파급력이 큰 성과

살펴본 내용을 토대로 사업을 한번 구상해 보자. 당신이 기부자라고 할때, 다음 세 개의 사업 제안이 들어온다면 어떤 곳에 기부하고 싶은가?

1. 수원지역 독거노인 고독 문제 해결 프로젝트
2. 수원지역 남성 독거노인 고독 문제 해결 프로젝트
3. 수원지역 남성 독거노인 중 65세 이후 아내와 사별한 분들의 고독 문제 해결 프로젝트

강의 중 물어본 질문에 전체 응답자의 90% 이상이 3번을 뽑았다. 이 사례는 새로운 대상과 문제라는 차별점이 먹혔기 때문이다. 그렇다고 전혀 새로운 사업을 추진하라는 것은 아니다. 기존의 사업에서 일부 내용을 강조해도 되고, 기존 사업을 약간만 수정해서 진행할 수도 있다.

▌ 가치의 포장

BAI 구조에 입각하여 글을 썼다 하더라도 그것은 단체의 관점에서 사실관계 위주로 사업을 충실히 설명한 것이다. 단체의 사업이 보다 매력적으로 보이기 위해서는 사업이 기부자에게 주는 의미와 가치value를 따로 정리해야 한다. 내가 보기에는 별것 아니었던 물건을, 옆에 있는 사람이 계속 특별하고 좋고 괜찮은 물건이라고 하면 어느새 내 눈에도 그렇게 보이는 경험이 있을 것이다. 공익 활동 역시 마찬가지이다. 같은 사업이라도 어떻게 의미와 가치를 부여하여 '포장'하느냐에 따라 제안 대상자의 반응은 달라질 수 있다.

내게 물건을 팔려고 하지 마세요.
내게 장난감을 팔려고 하지 말아요.

내 아이들에게 즐거운 순간을 갖게 해 주세요.

내게 컴퓨터를 팔 생각은 하지 말아요.

기적 같은 기술이 줄 수 있는 즐거움과 이익을 주세요.

내게 물건을 팔려고 하지 말아요.

꿈과 느낌과 자부심과 일상생활의 행복을 주세요.

제발 내게 물건을 팔려고 하지 마세요.

유명한 비지니스 컨설턴트 마이클 르뵈프Michael LeBoeuf가 쓴 이 글은 가치 판매의 필요성을 충분히 설명해 준다. 제안 역시 이래야 한다. 사업 자체에 대한 설명과 함께 그 사업이 갖는 의미, 그리고 그 사업에 동참한 사

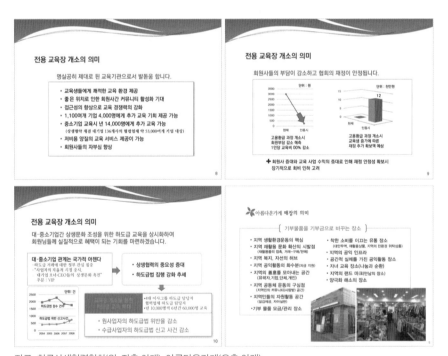

자료: 한국상생협력협회(위, 좌측 아래), 아름다운가게(우측 아래).

람이 얻을 수 있는 가치를 강조해야 한다.

진행하는 사업이 갖는 의미와 가치를 다양한 관점에서 정리하고 표현할 때, 제안 대상자들은 자신들이 생각지 못한 사업의 필요성을 인식하게 된다. 아름다운가게의 예처럼 '기증받은 중고품을 판매하는 자선 매장'이라는 단순한 사업을 여러 관점에서 조명했을 때 무수히 많은 의미를 부여할 수 있다. 실제 사업을 진행할 당시, 단체 내부적으로 의미 부여 작업에 한계를 느껴 외부 각계각층의 사람들 10명에게 진행하는 사업의 의미를 물었고, 10명이 제시한 전혀 다른 관점의 의미들을 모으고 정리하여 기부자와 자원봉사자 모집이나 단체 홍보의 콘텐츠로 활용한 바 있다.

▎연결

사람들은 본인과 관련이 있는 것에 더 흥미를 느낀다. 자신의 가치관, 관심사, 가정환경, 비전 등과 관련이 있는 사업에 매력을 느끼는 것은 당연하다. 그래서 사업 소개의 또 다른 중요한 과정은 바로 제안 대상자와 사업을 연결connect시키는 작업이다. 즉, "당신과 이 사업은 관계가 있다. 그래서 관심과 동참을 바란다"고 말할 수 있는 부분을 만들어야 한다. (물론 처음부터 대상자를 물색할 때 관련이 있는 사람을 찾는 것이 먼저다.) 다만, 너무 억지스럽거나 대상자를 잘못 이해하여 엉뚱한 연결을 하게 된다면 도리어 전체 제안의 신뢰도를 약화시킬 수도 있으니 신중할 필요가 있다.

제안 대상자인 은행의 특성과 단체가 추진하는 사업의 특성을 잘 연결해 연관성을 강조한 제안서.

자료: 로터스월드.

신뢰할 만한 개성을 갖춘 단체 소개 작성법

단체를 소개하는데 대상이 다르다면 어떻게 하겠는가? 즉, 20대 여자 대학생에게 소개할 때와 70대 여성에게 소개할 때 똑같이 소개하겠는가? 관련 분야를 잘 알고 있는 공무원이나 기업 사회공헌 담당자에게 소개할 때와 대기업의 CEO에게 소개할 때 같은 내용으로 소개를 할 것인가?

또한, 제안해야 하는 사업이 다를 때도 똑같이 단체를 소개할 것인가? 다시 말해, 해외 우물 설치 사업을 제안할 때와 국내 식수 관련 법안 마련 캠페인 사업을 제안할 때 각각 어떻게 단체를 소개할 것인가?

이렇게 질문하면 거의 대부분이 '다르게 할 것'이라고 답한다. 하지만 실제로는 똑같이 한다. 제안서의 단체 소개 부분을 보면 알 수 있다.

대부분의 제안서는 단체 소개가 가장 먼저 나온다. 심지어 제안서의 맨 앞쪽에 20여 페이지에 달하는 분량이 할애되고, 그 내용도 단체의 미션, 비전에서 연혁, 진행 사업과 프로그램, 보도된 홍보 기사, 이사회 명단 등으로 공적인 문서임을 강조하듯 건조하게 채워져 있다. 잘 보이지도 않게 깨알 같은 글씨로 몇 장에 걸쳐 쓰인 연혁, 어디에나 똑같고 왜 썼는지 알 수 없는 조직도, 관용적 어구로 가득 찬 미션과 비전, 해당 분야 단체라면 거의 비슷한 사업 영역, 누군지 잘 모르는 대표나 이사장의 약력과 인사말, 허접하게 찍은 활동사진과 단체의 보도자료를 그대로 실은 기사들. 이런 글을 보면 늘 왜 썼을까 싶은 생각이 든다.

제안은 고민이라고 했다. 제안을 받을 사람들에게 어떻게 말해야 기부를 더 긍정적으로 고려할지에 대한 고민이다. 단체 소개에도 그 고민은 유효하다. "어떻게 단체를 소개해야 우리를 더 신뢰감 있고 멋진 단체로 보고, 이왕 기부할 것이면 이 단체에 해야겠다고 마음을 먹게 할까?" ·

단체 소개는 우리를 제안하는 사업을 가장 잘 수행할 수 있는 곳, 가장 믿을 만한 곳, 같이 하면 얻을 것이 가장 많은 곳으로 포장하는 부분이다. 그래서 단체 소개에서도 어떤 부분을 강조하고, 어떤 콘텐츠를 보강하고, 어떤 식으로 표현할지를 고민해야 한다. 여기에서도 콘셉트가 필요하다.

단체를 소개할 때의 요령은 4가지로 살펴볼 수 있다.

▌대상에 맞추어 소개한다

가장 첫 번째 요령은 듣는 대상에 따라 다르게 소개하는 것이다. 오랫동안 함께해 온 다국적 외국회사에게 소개할 때, 우리를 전혀 모르는 기업에게 소개할 때, 우리를 어느 정도 알고 있는 개인에게 소개할 때, 소개하는 포인트가 각각 달라야 한다. 수많은 제안서를 받아 보면 신기하게도 거의 모든 제안서의 단체 소개가 같은 구성과 구조, 내용, 목차로 되어 있다. 분명 제안을 받는 대상자의 특성과 욕구, 요구는 모두 다를 것인데 그렇게 천편일률적인 소개는 전략적이지 못하다. 상대방의 특성과 요구에 맞춰서 그들이 관심과 신뢰를 갖게 할 수 있게 작성해야 한다.

간단하지만 다음 사례를 보면 대상에 따라 단체 소개가 어떻게 달라지는지를 알 수 있다.

사례

대상자 일반인(물품 기증 가능자)
소개문 "집에 쓰지 않는 물건을 갖고 계신 선생님 같은 분들께서 좋은 뜻으로 기증하신 중고물품을 싼값에 팔아 우리 사회의 어려운 이웃을 돕는 공익단체입니다."

대상자 지역유지(건물주)
소개문 "지역을 위해 헌신해 오신 선생님 같은 분들께서 내주신 공간에서, 지역민이 기증한 물품을 지역 자원봉사자의 노고로 판매하여, 마련한 수익금으로 지역의 어려운 이웃과 지역을 위해 일하는 지역 공익 단체를 지원하는, 지역의 사랑방이자 공적 자산입니다."

대상자 지자체장
소개문 "우리 사회의 친환경적 변화에 기여하고 국내외 소외계층과 공익 활동을 지원하기 위해 설립된 공익 법인으로 행자부 소관 비영리 재단법인이고, 고용노동부 인증 제1차 사회적기업이며, 기획재정부 인가 지정기부금 단체입니다."

이와 같이 상대방의 특성과 제안의 목적에 따라 단체 소개를 다르게 하면 제안 대상자에게 한 발 더 다가설 수 있고, 그들의 관심과 호감을 유도할 가능성이 커진다.

▌소개를 통해 얻고자 하는 이미지를 결정한다

단체 소개의 목적을 분명히 하고 임하는 것이 두 번째 요령이다. 우리 단체의 역사와 사업을 보면서 제안 대상자는 어떤 느낌과 감흥, 이미지를 갖게 될까? 이 부분을 생각하고 단체를 소개해야 한다. 다르게 말하자면 단체 소개를 통해 얻고자 하는 이미지가 명확해야 한다. 이를테면 '신뢰받는 단체', '앞서가는 혁신적 단체' 등의 이미지를 제안 대상자에게 전달하고자 한다면 단체의 어떤 속성을 앞세우거나 강조해야 하고, 제안서에서의 표현은 어떤 방식, 내용, 디자인으로 해야 할까?

다음 사례는 단순히 나열되어 있던 조직의 연혁을, '얻고자 하는 단체 이미지'에 맞춰 재배열하고 의미를 부여한 것이다. 이 이미지는 제안 대상자가 기부 의사결정을 할 때 중시하는 요인과 일치시킨 것이다.

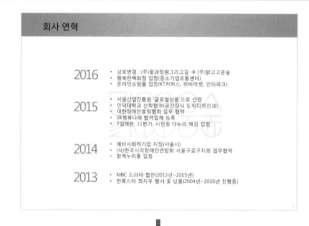

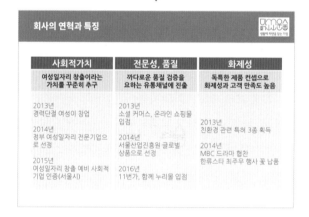

자료: 사회적기업 맑고고운숲.

▌단체의 속성을 묶어서 말한다

단체가 가진 여러 속성을, 의미가 있는 그룹으로 묶고 순번과 순위를 매겨 제시하는 방법이 단체를 소개하는 요령 세 번째다. 순위를 정한다는 것 자체가, 우리 단체가 제안 대상자에게 어떤 모습으로 보이고 싶은지에 대한 전략적 선택이다.

사랑이 있는 한 인간의 내일은 걱정이 없다

공생복지재단

저희는
오랜 경험과 역사를
가지고 있습니다.

- 1928년 윤치호 설립자 목포시에 공생원 창립
- 1950년 6.25 사변으로 창립부모 행방불명, 윤학자 원장 취임
- 1965년 윤학자 원장 제1회 목포시민의 상 수상
- 1968년 윤학자 원장 서거, 최초의 목포시민장
- 1968 일본정부, 고 윤학자 원장 훈5등 보관장추서

저희는
다양한 복지전문인력을
갖고 있습니다.

- 1928년 공생원(아동양육시설) 개원
- 1979년 서울종합직업 훈련원 위탁운영
- 1984년 공생재활원(장애인거주시설) 인가
- 1991년 목포장애인요양원(중증장애인거주시설)인가
- 1996년 제일한국인 특별 양호 노인홈 증축
- 2000년 무안자림원(직업재활시설) 인가

저희는
최초의 복지모델을
시도해왔습니다.

- 맞벌이 부부를 위한 무료 탁아소 개설
- 시설군집모델 벗어난 개별시설 중심 운영
- 일본 내 한국 어르신을 위한 특별 양호 홈 개소
- 빌라형 주거시설 도입
- 중증장애인 사례관리 모델 추진

저희는
남들이 하지 않는
복지사업을 추진합니다.

- 2012년 세계고아의날 제정추진위원회 설치
- 2012년 UN 세계고아의날 제정 추진대회
- 2012년 UN 세계고아의날 제정 기념 마련 음악회
- 2014년 UN 세계고아의날 제정 위한 포럼
- 2016년 UN 세계고아의날 제정 청원 서명운동
- 2018년 UN 세계고아의날 뉴욕 대회 개최

저희는
국내외에서 손꼽히는
유력 기관입니다.

- 2011년 제2회 세계한인교류협력 대상
- 2011년 일본 외무성 외무상 표창
- 2010년 자유도시 사카야 평화공헌상 대상
- 2009년 제15회 KBS해외동포상
- 2007년 국민훈장 동백장
- 2006년 제16회 삼성 호암상 〈사회봉사상〉

저희는
국가평가에서 인정받은
기관입니다.

- 목포공생원 : 평균등급 A
- 목포공생재활원 : 평균등급 A
- 목포장애인요양원 : 평균등급 A
- 무안자림원 : 평균등급 A
- 예손지활원 : 평균등급 A

저희는
배우고, 학습하는
문화를 존중합니다.

- 총6회 한일마음의 교류 심포지움 개최
- UN 세계고아의날 제정 위한 포럼
- 공생포럼 분기별 개최

저희는
선진지식을 배우고 실천
합니다.

- 일본 〈마음의가족〉 사회복지법인과 유대관계
- 매년 일본 연수 실시
- 일본 연수생 지원기능
- 일본 재단과 매년 학술회 시행
- 한일문화교류/후생성, 고지현지사, JAL항공 회장, 역대 주한일본대사 방문

단체의 장점과 특성을 묶어서 소개하는 사례.

자료: 공생복지재단.

▎대상자에게 줄 수 있는 가치를 부각한다

단체 소개 요령 네 번째는 단체가 기부자에게 줄 수 있는 가치를 단체의 특장점으로 표현하라는 것이다. 단체의 속성을 사실 위주로 나열하는 것을 넘어서서 그 속성이 기부자에게 주는 이익을 납득할 수 있게 써낼 수 있다면 단체 소개는 완성된 것이다.

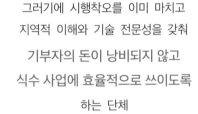

30년 동안 4,000여 회의 식수 사업을 진행한 단체

→

그러기에 시행착오를 이미 마치고 지역적 이해와 기술 전문성을 갖춰 기부자의 돈이 낭비되지 않고 식수 사업에 효율적으로 쓰이도록 하는 단체

일반 영리 기업의 제안서는 다른 기업과의 비교를 통하여 자신들의 사업이나 제품을 부각하기도 한다. 하지만 공익 영역에서는 편협한 단체라는 이미지를 주어 도리어 마이너스 효과를 가져올 수도 있다.

기존 사업의 문제점을 지적하고 비교를 통해 자사 서비스를 소개하는 사례.
자료: 교보문고(일부 재구성).

부담을 느끼지 않게 하는 금액 제시 방법

제안 대상자에게 얼마를 요청할 것인가도 매우 큰 고민거리이다. 너무 많이 부탁하자니 제안 자체를 거부할 것 같고, 너무 적은 금액은 단체에게 도움이 되지 않거니와, 어렵사리 잡은 기회 하나를 날렸다고 후회할 수 있어서 특히 그렇다. 일반적으로 제안 대상자에게 부담이 되지 않는 선에서 최대 금액이라고 추정되는 금액을 요청한다. 하지만 그 금액을 정하거나 제시하는 방법에도 '기술'이 필요하다.

모금 제안에서 사용할 수 있는 금액 제시 기법을 구별해 보자면 아래와 같다. 여러 가지 방법이 있겠지만 상대방의 심리적 특성과 개별 상황을 고려하여 그때그때 다른 기법을 구사할 수 있어야 한다.

▮ 골디락스 금액* 제시

고 · 중 · 저 세 종류의 금액이 있을 때 중간 금액으로 결정이 몰리는 현상을 활용하여, 가장 기부해줬으면 하는 금액을 중간에 위치시키는 기법이다. 부담스러운 큰 금액과 눈치 보이는 작은 금액이 일종의 기준점 역할을 하는데, 금액들 사이의 간격이 선택에 영향을 미친다.

- 골디락스 가격(*goldilocks pricing*)은 '중간가 책정'이라는 의미의 마케팅 용어이다. 매장에 고가, 중간가, 저가의 상품을 함께 진열함으로써 소비자들이 중간가의 상품을 선택하도록 유도하는 판촉 전략이다. '골디락스'란 영국의 시인 로버트 사우디(Robert Southey)가 1837년에 최초로 기술한 영국의 전래 동화 〈골디락스와 세 마리 곰〉(*Goldilocks and the Three Bears*)으로부터 비롯된 용어이다. 주인공 골디락스가 숲속에서 길을 헤매다 곰 가족(아빠 곰, 엄마 곰, 아기 곰)이 사는 오두막을 발견해 그 안에 들어가는데, 식탁에 차려져 있는 뜨거운 죽, 미지근한 죽, 차가운 죽 중 미지근한 죽을 골라 맛있게 먹고 만족스러워하는 내용이 나온다. 뜨겁지도 차갑지도 않은 적당한 온도의 죽을 고르는 동화 속 상황에서 '골디락스 가격'이라는 말이 생겨났다(출처: 두산백과사전, '골디락스 가격').

▌침투 금액 제시

기부자가 저항을 느끼지 않는 적은 금액을 제시하는 기법이다. 기부금의 액수보다 기부자 관계나 데이터 확보 등이 필요할 때 사용되며 이후 증액 모금이나 다른 프로그램 기부로의 확장, 연결하려는 목적으로 사용된다. 예를 들어, 굿네이버스 '100원의 기적'.

▌고액 금액 제시

특정인에게 고액의 일정액을 정하여 제시하고 멤버십 및 커뮤니티 등의 예우를 약속하는 기법이다. 고액의 범위는 단체나 사업의 종류에 따라 상이하다. 예를 들어, 사회복지공동모금회 '아너소사이어티'(1억 원), 희망제작소 '1004클럽'(1천만 원).

▌분할 금액 제시

큰 금액을 여러 기준으로 작게 나누어 가급적 작은 금액으로 보이게 한 후 기부를 요청하는 기법이다. 12만 원은 큰 액수이지만 월 1만 원이라고 하면 작게 느껴진다. '하루 커피 한 잔 값 3천 원씩을 모아 아이들을 살릴 수 있습니다'처럼 기부 부담감을 낮추기 위해 사용된다.

▌비율 금액 제시

특정 금액이 아닌 기부자가 가진 자산의 비율을 기부금으로 상정하는 기법이다. 비율 계산의 기준이 되는 자산은 소득이나 상속재산, 인세 등으로 다양하다. 예를 들어, 아름다운재단 '1% 나눔 운동', 워런 버핏Warren Buffett의 상속재산 50% 기부 프로젝트 '기빙플레지'.

▌절세 금액 제시

가장 절세 혜택이 높은 금액을 산정하여 요청하는 기법이다. 기업이나 고액 자산가에게 법인세율과 소득세율에 따른 필요 경비 한도와 세액공제 혜택을 미리 계산하여 후원 금액을 산정한 후 요청한다. 정치기부금의 경우 10만 원까지 전액 세액공제가 되므로 '100% 돌려받는 기부금'이라는 절세 혜택을 강조한다.

▌포트폴리오 금액 제시

다양한 금액의 각기 다른 모금 프로그램을 다수로 선택할 수 있도록 하는 기법이다. 인터넷 쇼핑몰에서 다양한 물건을 장바구니에 담아 구매하듯 기부할 수 있도록 하는 것이다. 예를 들어, 아름다운가게 '기부 메뉴판'.

▌오름/내림차순 금액 제시

하나의 프로그램에 대해 높은 금액부터(오름차순) 또는 낮은 금액부터(내림차순) 다양한 기부금액을 제시하는 기법이다(일반적으로 3~5개 수준의 금액). 어느 것이 더 효과적인지에 대해서는 이견이 있다.

▌단위 금액 제시

단일 금액 기부금을 제시하고 기부 단위 개수(구좌)를 고르게 하는 기법이다. 모금 대상 프로그램의 내용이 단위(명, 권, 개 등)로 나뉘고 경제력이 다른 다수의 기부자를 상대로 모금할 때 사용된다. 예를 들어, 건축벽돌 기금 1구좌당 1만 원, 총(25)구좌: 25만 원.

▌차등(스폰서) 금액 제시

공익 행사 후원의 경우 고액의 메인 스폰서main sponsor와 상대적으로 금액

이 적은 서브 스폰서sub sponsor를 구분하여 요청하는 기법이다. 1~2개의
메인 스폰서와 3개 이상의 서브 스폰서 등으로 구성하며, 서브 스폰서의
경우 장소나 서비스 등 물품이나 용역을 제공하기도 한다.

❚ 고무줄 금액 제시

특정 금액을 정하지 않고 대략적 범위만 말하는 것으로 할인을 할 때처럼
10~30%라는 식으로 책정하는 기법이다. 합의에 의해 기부액을 책정하
는 상황에서 기부금이 사용될 사업의 내용이나 참여의 수준을 토대로, 최
소 금액에서 최대 금액까지를 대략 정하여 협상을 시작한다.

❚ 경매 금액 제시

기부자가 가격을 정하여 제시하고, 대상자들 사이의 경쟁을 통해 높은 기
부액을 제시한 사람에게 기부 기회가 제공되는 기법이다. 모금 이벤트 등
에서 사용한다.

❚ 처음/완성 금액 제시

모금 프로젝트의 첫 기부자로서의 시작 금액을 제시하거나 마지막 기부
자로서의 최종 금액을 제시하는 기법이다. 첫 번째 기부자 또는 마지막
기부자라는 칭호를 부여하면서 모금 프로젝트에서 가장 의미 있는 첫 번
째 기금 액수, 그리고 전체 프로젝트를 완성시킬 수 있는 마지막 부족분
을 요구한다.

❚ 변화 대응 금액 제시

기부자에게 원하는 변화를 먼저 고르게 하고 그것에 돈이 얼마가 드는지
를 알려 준 후 기부금을 정하게 하는 기법이다. 역순으로 돈을 먼저 선택

하고 그 돈이 만들어 낼 수 있는 변화를 보여 주기도 한다. 예를 들어, 1개 마을 주민들을 문맹에서 완전하게 벗어나게 하기: 350만 원.

▎ 자부담 기법

기부자만 돈을 내는 것이 아니라 단체도 돈을 투여한다는 느낌을 주는 기법이다. 정부나 지자체 대상 공익 활동 지원 사업에서는 흔하게 쓰인다. 일부러 사업 전체에서 소요되는 금액을 쓰고 그중 일부를 자부담自負擔으로 설정하여 마치 우리도 돈을 내는 것처럼 보이게 하는 기법이다. 이것은 제안 대상자에게 '단체에서도 무언가 투자해서 하는구나'라는 신뢰와 '내가 기부한 금액보다 더 많은 효과가 내 것이 되겠구나'라는 요행심, 그리고 '요청한 금액을 주지 않으면 그들이 돈을 더 내야 하는 거구나'라는 보호심리를 자극한다. 또한 기업에서 제공하기를 꺼리는 계정 항목, 즉 인건비나 운영비 등을 미리 자부담으로 설정함으로써 요청 금액을 조정하려는 시도 자체를 차단하려는 목적도 있다.

자부담 기법을 사용하기 어렵다면 전체 사업비의 구조를 보여 주는 것도 방법이다. 사업비와 운영비의 비율 등을 보여줌으로써 예산 집행에 대한 신뢰를 확보하기 위한 수단이다.

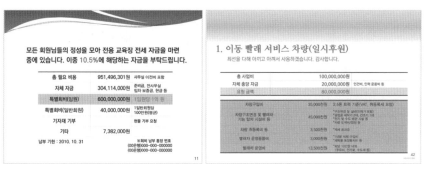

자료: 한국상생협력협회(좌), 자비신행회(우).

▌합리적인 적정 금액 제시

물론 기부 액수에 대한 '밀당'을 싫어하는 기부자를 위해 나름의 논리적인 제안 금액도 준비해야 한다. 다른 기부자들의 평균 금액, 수준이 유사한 타 기부자들 또는 주변 지인의 기부금액 등을 기준으로 말하되 상대방의 성향에 따라 약간 낮거나 높게 말할 수 있다. 즉, "많이 내신 분께서는 ○○원을 내셨지만 부담이 되지 않으시는 선에서 ○○원 정도면 적당하지 않을까 생각합니다. 저희로선 그것도 매우 큰 금액으로 정말 감사할 따름이죠"라고.

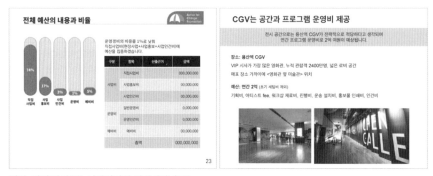

자료: 자체 작성(좌), 사회적기업 에이컴퍼니(우).

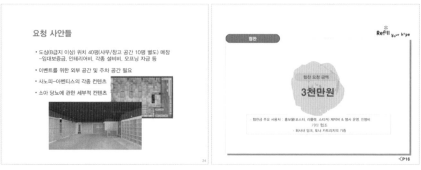

자료: 아름다운가게.

┃ 침묵하기

제안 과정에서 유용한 또 하나의 금액 제시 기법은 '침묵'이다. 많은 모금 전문가들이 말하는 '구체적 액수를 제시하라'라는 조언과는 상반된 내용이지만 경험상 꽤 훌륭한 전략 중 하나는 제안서에 금액을 쓰지 않는 것이다. "어느 정도를 기부해야 하는가?", "그래서 얼마가 필요한가?"라는 기부 대상자들의 질문에 정해진 금액을 말하지 않고 사업의 필요성과 수혜자 이야기, 기부로 인한 변화 이야기를 하면서 빙빙 돌리는 것이 더 효과적일 때가 많다. "많으면 좋지만 부담되지 않는 선에서 가능하시면 …"이라고 말꼬리를 흐리면 대부분은 예상했던 금액보다 더 높은 금액을 기부한다. 협상에서는 본래 먼저 말하는 사람이 지게 되어 있다.

모금 상품 개발법

제안을 할 때 요청 금액의 액수만큼 중요한 요소가 바로 모금 제안의 방식이다. 사실 이 내용은 제안이라기보다는 모금 기획에 가깝긴 하다. 즉, 모금 방식이나 아이디어를 결정하는 것이다. 이것을 모금 업계에서는 '모금 상품을 개발한다'고 표현하는데 여기서는 사례를 통해 그 개념만 살펴보자.

모금하는 내용(사업, 프로그램, 수혜자 등)은 같아도, 제안 대상자에게 요청하는 방식을 달리함으로써 전혀 다른 결과를 가져올 수 있다. 여러분들은 아래와 같은 요청을 받는다면 어디에 기부할 것인가? 내용도 급식비 모금으로 같고, 요청 금액도 년 12만 원으로 같다. 요청하는 방식만 다를 뿐이다. •

• 실제 지역아동센터의 급식비 제도 등과 다른 가상의 내용이다.

"저는 지역아동센터에서 일합니다. 아시다시피 지역아동센터는 우리 지역의 저소득층 아이들을 방과 후부터 귀가하기 전까지 보호하고 그 시간 동안 학습을 지도하고 각종 프로그램을 진행하는 곳입니다. 아이들에게 저녁 한 끼가 제공되기도 하지요."

1. 정기후원(월 1만 원)

"오늘 여러분을 찾아 온 이유는, 바로 그 아이들에게 밥 먹이는 문제를 말씀드리고자 왔습니다. 사실 지자체에서 아이들 식사를 위한 급식비가 나오기는 합니다. 하지만 그 급식비로는 한참 자라나는 10대 청소년에게 충분한 영양을 공급해 주기 어렵습니다. 이 문제를 해결하기 위해 저희가 모금 활동을 전개하고 있습니다. 영양가 높은 단백질 반찬과 영양제 마련을 위한 월 1만 원 12개월 정기후원에 동참을 부탁드립니다."

2. 급식 결연(일 300원)

"저희 센터에 김상협(가명)이라는 아이가 있습니다. 아버지는 건축 일용직이시고, 어머니는 어린 나이에 집을 나가서 생사를 모릅니다. 아버지가 일 가시면서 상협이에게 밥을 사 먹으라고 몇 천 원 주고 가지만, 어디 그 나이의 아이가 밥을 사 먹겠습니까? 빵이나 라면으로 때우고 게임이나 하지요. 가만 보니 우리 센터에서 먹는 밥이, 상협이가 유일하게 제대로 먹는 밥인 것 같습니다. 상협이에게 영양가 높은 밥과 영양제를 먹이고 싶습니다. 하루 300원이면 됩니다. 월 1만 원이고 1년이면 12만 원이죠. 우리 상협이와 '급식 결연'을 맺어 주십시오. 다른 아이들은 저희가 또 어떻게 해 보겠습니다. 부탁드립니다."

3. 쌀 구입(12만 원)

"저희 센터는 정원이 25명입니다. 한참 크는 10대 아이들 25명, 참 많이 먹습니다. 이 아이들이 집에서 부실하게 먹는 것 생각해서 나름 영양가가 높은 음식으로 준비하려고 애를 씁니다. 하지만 급식 보조금으로는 한계가 있습니다. 그래서 저희가 급식에 들어가는 돈을 전부 분석해 보았습니다. 이게 그 지원금의 사용처입니다. (그래프 제시) 가장 많은 돈이 드는 항목이 쌀값입니다. 저희는, 쌀값만 해결한다면 그 돈을 아껴서 아이들에게 고기반찬을 풍족하게 해 줄 수 있겠구나, 하고 생각했습니다. 보니까 25명의 아이들이 일주일에 40킬로그램, 쌀 한 가마니를 먹습니다. 돈으로 하면 12만 원 정도 합니다. 그래서 쌀을 기부해 주셨으면 해 여쭤봅니다. 저희가 이것을 좀더 재미있게 하고 싶어서 캠페인을 하나 만들었습니다. 1년이 52주인데 지역에서 아이들을 위해 애써 주실 '52명의 천사들'이란 캠페인입니다. 한 천사분이 1주에 25명이 먹을 쌀 한 포대를 사 주는 거죠. 지금까지 잘해 왔는데, 2주 뒤인 7월 3째 주 26번째 기부자를 아직 못 찾고 있습니다. 선생님께서 26번째 기부자가 되어 주시면 어떨까요. 요청드려 봅니다."

어떤가? 각각의 제안 중에서 기부하고 싶은 곳은 어디인가? 실제 물어보면 1번은 5%로 거의 없고, 2번이 40%, 3번이 50% 정도이다. 사실 같은 급식비 모금이고 금액도 같은데 왜 결과가 다를까? 요청하는 방식을 다르게 했기 때문이다. 정기 후원 12만 원과 급식 결연 12만 원, 쌀 한 포대 12만 원. 제안을 할 때 대상자에게 가장 효과적인 방식이 어떤 것인지를 먼저 고민한 후 요청한다면 결과가 달라질 수 있다.

몇 가지 유용한 모금 상품 개발법

- **쪼개기**: 프로그램 전체에 대한 후원이 아닌, 프로그램을 구성하는 각각의 세부 항목에 대해 별도로 모금하는 방식. 예) 양 한 마리 사주기, 우물 하나 파기, 12개월분 전기세 등.
- **결연하기**: 특정 지원 내용과 대상을 일대일(1:1)로 연결하여 후원하는 방식. 예) Adopt a Bench.
- **회원제(membership) 및 숫자 부여하기(numbering)**: 기부자들에게 특정 숫자를 붙이거나 커뮤니티 멤버로 등록하여 우대하는 방식. 예) 희망제작소의 '1004 클럽'.
- **이름 붙이기(naming)**: 프로그램이나 기부 내용에 기부자의 이름을 붙여

주는 방식. 예) 김군자할머니 기금, 이화여자대학교 포스코관.
- **기부 상품 구매**: 사업에 대한 직접 기부가 아닌 비판매용 물건을 구매하는 것처럼 후원하는 방식. 예) 크리스마스 씰, 기부 복권 등.
- **연동하기(matching)**: 다른 기부자들의 참여(기부, 자원봉사)에 따라 연동하여 기부하는 방식. 예) 네이버 '해피빈', 카카오 '다가치 펀드'.

기부 결과 및 기부자 이익 작성법

기부는 원래 '반대급부가 없는 무상 증여'를 의미한다. 그래서 기부하면 대응되는 뭔가를 제공한다는 약속을 할 수는 없다. 하지만 앞에서도 말했듯 모금은 일종의 가치 교환이므로 잠재 기부자들은 자신이 기부했을 때 얻을 수 있는 유무형의 반대급부를 고려하여 기부를 결정한다. 물론 이 반대급부는 기부에 대해 등가等價(대등한 가격)의 성질을 가진 재화나 서비스가 아닌 '가치'나 '성의' 정도이겠지만 이것을 어떻게 제시하느냐에 따라 제안의 성패가 가름되기도 한다.

기부자의 마음속에 순수한 동참의 의사가 몇 십 퍼센트 있더라도, 어느 정도의 공명심과 함께 현실적인 이익을 바라는 마음도 없지 않다. 해당 조직에 대한 영향력 확보나 선한 기부자라는 이미지나 명성 획득, 마케팅 홍보 효과 등 자신에게 도움이 될 만한 요소를 갖춘 제안에 더 끌리고 기부에 대한 가능성은 커지는 것이다.

제안서에서 기부자 이익을 '기부금 영수증 발급' 정도로 마지못해 표현하는 것으로 취급하거나, 쓸 것이 없는데 억지로 쓰는 귀찮은 항목으로 여겨서는 곤란하다. 적극적으로 기부자 이익을 고민하여, 기부자가 만족스럽게 기부약정서에 서명할 수 있도록 유도해야 한다.

자료: 나눔티켓 추진 사무국(좌), 사회적기업 에이컴퍼니(우).

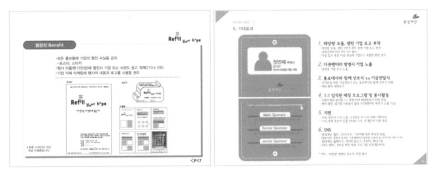

자료: 아름다운가게(좌), 환경재단(우).

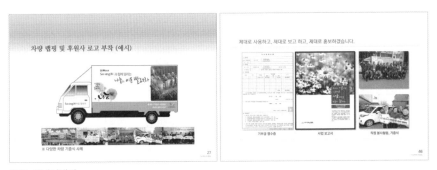

자료: 자비신행회.

자료: 아름다운가게(좌), 정가악회(우).

자료: 한국상생협력협회.

　　기부자 이익을 제시할 때, 이왕이면 보다 구체적으로 쓰는 것이 좋다. 뻔한 '기부금 영수증 발급'이라고 하기보다는 기부금 혜택이 얼마인지 계산해 보여 주는 것이 나으며, 밑도 끝도 없는 '기업 이미지 개선'보다는 기업의 어떤 이미지가 누구에게, 어떻게, 얼마만큼 개선될 수 있는지를 표현해 주면 더 좋다.

　　구체적 표현에 익숙해지기 위해서는, 상대방 입장에서 기부 활동을 통해서 얻고 활용할 수 있는 유무형의 이익을 상세하게 조사하거나 상상하여 적시하는 버릇을 들여야 한다.

　　기부자 예우 프로그램을 미리 정하여 해당 금액 후원 시 어떤 예우를 받

대학교 발전기금 기부자 예우 체계 (일부)

구분		50억 원~	10억 원~	1억 원~	1천만 원~	1백만 원~
경영대학 S-Honors Club		느티나무 Club		참나무 Club	소나무 Club	-
	총장 명의 감사패	○	○	○	○	감사장
	학장 명의 감사편지	○	○	○	○	○
기념품 및 간행물	기념품	○	○	○	○	○
	대학 간행물 우송	○	○	○	○	○
	경영대학 뉴스레터 기부자 명단 게재 및 발송	○	○	○	○	○
	서울대 달력 증정	○	○	○	○	○
	발전기금 사용 리포트 발송	○	○	○	○	
기부자 명예 헌정 및 예우	대학본부 기부인 명패	○	○	○	○	
	경영대학 Wall of Honor 명패	○	○	○	○	
	기금명칭 부여	○	○	○		
	총장 공관 만찬 초청	○				
	교내 주요 행사 초청	○	○	○		
	경영대학 주관 주요 행사 초청	○	○	○	○	
	전시회·공연 초청	○	○	○	○	○

자료: 서울대학교 경영대학(원) 홈페이지. http://cba.snu.ac.kr/, 재구성.

을 수 있는지를 보여 주는 방법도 있고, 비교를 통해 기부 전과 기부 후 이익의 변화를 보여 주는 방법도 있다.

기업을 대상으로 하는 제안에서 가장 많이 쓰는 상투적 표현으로 '이미지 개선과 홍보 효과'를 꼽지만, 사회공헌 활동의 참여로 얻을 수 있는 효과가 미미할 수 있다는 점을 감안하여야 한다. 어설프게 거론해서는 본

전을 뽑기도 어려울 수 있다. 일례로, 한 단체의 공익 행사 협찬 제안서에서 기업 홍보 효과를 강조하였지만 실제 '기부 기업'의 홍보가 아닌 '프로그램'(행사)의 홍보였기에 기업 입장에서는 매력이 없는 제안이 되어 버렸다.

기부자 이익을 제시할 때 꼭 사실을 적을 필요는 없다. 비록 그 이익이 조금 과장되고, 달성 가능성이 크지 않다 하더라도 최선을 다해 기부자의 이익에 대해 고민하고 함께해 주려는 의도가 전달될 수 있다면 그것으로도 의미가 있다. '시곗줄'과 '머리빗'(오 헨리의 소설 〈크리스마스 선물〉)이 꼭 비싼 선물이어서 상대방을 감동시킨 것은 아니다.

해외의 한 작은 단체가 신문을 만든 일이 있다. 만약 단체에 기부해 준

모금전문가학교 실습조가 작성한 기부자 예우용 가짜 신문 사례.
자료: 희망제작소 모금전문가학교.

다면 아마도 지역신문에 이러이러한 다양한 내용으로 기사가 나올 수 있을 것이라는 의미의 가짜 신문이었다. 이 신문이 제안 대상자에게 감동을 주었던 이유는 무엇보다 그 신문을 실무자들이 전부 손수 연필로 적고 그렸다는 점이었다. 비록 허구 기사가 담긴 신문이지만 자신의 기부로 인해 좋아하는 수혜자들, 관심 가지는 사람들, 사업으로 인한 변화들을 한 자 한 자 손으로 정성 들여 요령 있게 만든 신문을 보고 감동하지 않을 사람이 있을까?

확신 제공으로 실제 행동을 유발하는 마무리 작성법

시작이 중요하듯 끝도 중요하다. 고등학교 때 배운 수미상관법*을 떠올려 보자. 즉, 처음에 했던 이야기나 중간의 내용을 다시 한 번 정리하고 요약해 주면 좋다. 특히 제안 콘셉트를 재차 거론하여 기억하게 하는 것도 필요하다. 만약 기부가 이루어진다면 그 돈을 어떻게 사용하겠다는 다짐을 보여 주는 것도 신뢰 형성에 도움이 된다. 도입부와 같이 감성적인 문구와 기부자의 감사로 마무리하는 것이 좋은 이미지를 남기는 방법이다. 초보자들이 흔히 저지르기 쉬운 실수가, 바로 마지막 장에 연락처를 남기지 않는 것이다. 물론 면담 시 명함을 주고받겠지만 제안서의 어딘가에는 반드시 연락처가 적혀 있어야 한다.

---

* 수미상관(首尾相關)법은 시가(詩歌)에서 첫 연을 끝 연에 다시 반복하는 문학적 구성법을 말한다. 수미쌍관(首尾雙關)이나 수미상응(首尾相應)이라고도 하며, 머리와 꼬리, 처음과 끝이 서로 관련이 있다는 뜻이다. 비슷한 내용의 구절이나 문장을 처음과 끝에 반복적으로 배치하기도 하는데 운율을 중시하고, 의미를 강조할 때 쓰는 주요 표현법의 하나이다(출처: 두산백과사전, '수미상관법').

자료: 아름다운가게.

자료:한국상생협력협회(좌), 한국어린이안전재단(우).

자료: 서울시 교육청.

자료: 월드비전

효과를 높이는 제안서 디자인

제안서 디자인은 실무자에게 매우 큰 고민이다. 그러나 명심하자. 디자인은 제안의 당락 여부에 그다지 큰 작용을 하는 요소가 아니다. 대신 화룡점정이라는 말처럼, 지금까지 준비해 온 모든 설득 메시지를 더 잘 전달하기 위한 최종 수단임은 분명하다. 그래서 간과할 수 없는 과정이기도 하다.

제안서를 디자인한다는 것이 무조건 보기 좋고 예쁘게 꾸민다는 의미는 아니다. 모금가는 미학적인 시도를 하는 예술가가 아니다. 예술가와 디자이너의 근본적인 차이는 예술가는 자신이 하고 싶은 예술을, 디자이너는 고객이 원하는 디자인을 한다는 점이다. 즉, 모금가의 제안서 디자인은 제안 대상자를 설득할 수 있으면 된다. 그래서 모금가의 개인적인 스타일은 있을 수 있어도 너무 자기 취향만 고집해서는 곤란하다. 글꼴 하나, 템플릿template 하나도 대상자에 맞춰 디자인할 수 있어야 한다. 때문에 늘 평가받을 준비를 해야 한다. 제안서의 디자인을 구상하고 나서 잠재기부자들에게 호감이 가는 디자인을 골라 보라고 부탁하라. 나이나 직업에 따라 글씨 크기가 작다며 불쾌감을 표하는 사람이 있는가 하면, 사진 위주의 구성을 선호하는 사람도 있다.

알면 도움 되는 디자인 팁

▌현란한 그림이나 사진, 디자인보다는 콘텐츠에 충실하라

앞서 말했듯 디자인이 훌륭하다고 제안이 성공하고, 그 반대라고 제안이 실패하는 경우는 없다. 하지만 많은 실무자들이 제안서 디자인에 공을 지나치게 들인다. 제안 대상자 조사나 사전 면담에는 30분도 안 쓰면서 자기 마음에 드는 글꼴이나 템플릿 하나를 찾는 데 3시간씩 쓴다. 제안의 성공을 위해서 필요한 일을 더 하라.

▌핵심을 전달하려면 줄여라

한 페이지에 너무 많은 콘텐츠를 담는 것은 금물이다. 물론 주요하게 이야기하고 싶은 것을 보완하는 자료나 정보라면 많은 내용이 들어갈 수 있겠지만, 이 경우에도 자료를 토대로 제안 대상자에게 이야기하고 싶은 내용을 정리해서 별도로 간결하게 이야기할 수 있어야 한다. 가끔 제안서의 글보다도 템플릿 디자인이나 의미 없는 사진과 도형 등이 더 눈에 띄는 경우가 있다. 과감하게 줄여서 깔끔하게 만들어라.

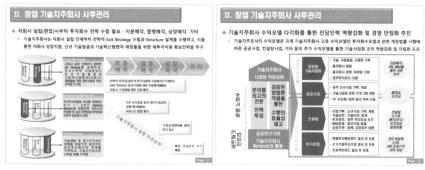

내용이 너무 많아 복잡해진 디자인의 예.

▌세련된 디자인을 하고 싶다면 통일감을 가져라

제안서를 좀 써 본 사람은 다양한 시도를 해 보고자 한다. 그 의욕이 지나쳐서 그림, 색상, 템플릿, 글꼴 등을 여기저기 혼란스럽게 사용한다. 통일감 있게 사용된 색상과 글꼴, 템플릿은 안정감과 신뢰감을 준다. 프로제안자의 제안서를 보면 사용된 사진의 색감까지도 통일한다.

글꼴은 한 페이지당 2개를 넘지 않고 전체 장표에서도 3개를 넘지 않는 것이 좋으며, 글의 색상 역시 전체 장표에서 2~3가지 색만 사용하거나 같은 계열의 색을 사용하여 혼란을 줄이는 것이 좋다.

제안서 디자인을 할 때도 한 가지 콘셉트를 잡았다면 그 콘셉트 안에서 나름의 일관성은 부여해야 한다. 오색찬란한 색상을 동원하거나 삼각형부터 오각형을 넘나드는 온갖 구도를 동원하면 제안 전반에 대한 집중도와 신뢰도가 떨어질 수 있다. 꾸준한 흐름 안에서 지루함을 피하는 약간의 변용 정도가 적절하다.

내용이 너무 많고 다수의 글꼴, 색, 도형 사용으로 통일감이 부족한 현란한 디자인의 예.

▎시각적 임팩트가 있는 사진과 도표를 적절하게 이용하라

줄글로 이어지는 자료를 보다가 시각적 임팩트가 있는 사진과 도표, 그래프, 삽화가 있으면 주목도가 높아지게 마련이다. 특히 이런 요소는 이야기하는 화자에게 더 집중하게 하는 경향이 있다. 적절하게 줄글과 시각 자료를 섞어서 제시하는 것이 좋다.

자료: 월드비전.

❙ 도식을 활용하라

다양한 도식은 글의 흐름과 구조를 명확하게 한다. 같은 글이라도 나열식으로 쓴 것과 도식화하여 보여 주는 것은 가독성과 이해도 측면에서 천지 차이다. 도식화는 일종의 친절한 고객 서비스이다.

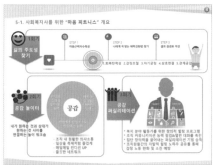

자료: 소셜벤처 마음피트니스(좌), 월드비전(우).

❙ 글의 계급을 잘 구분하라

한 제안서의 글이라도 중심부와 주변부가 있고, 핵심과 부수적 내용이 있다. 중점적으로 강조해야 할 장표나 문구, 도표 등이 있다. 이런 계급을 구분하여 표현한다면 제안서가 훨씬 입체적으로 보일 수 있다.

자료: LG U+(재구성)(좌), 한국어린이안전재단(우).

▌ 구도에 변주를 가하라

어떤 디자인 구도(전체 장표의 글과 그림 배치, □, △, ▽, , ◇, ▷, ○ 등의 도형 형태)를 정했다면, 왜 그 구도를 선택했는지 설명할 수 있어야 한다. 그러기 위해서는 의도별로 어떤 구도가 적절한지에 대한 연구가 필요하다. 잘 만든 제안서를 참고해, 안정된 느낌을 주고 싶을 때, 경쾌한 인상을 주고 싶을 때, 발전적 힘을 보여 주고 싶을 때 등 경우에 따라 어떤 구도가 사용되었는지 파악해 보라.

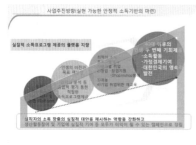
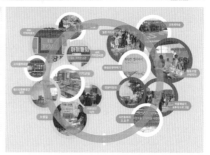

다양한 디자인 구도의 예.

▌ 조직의 정체성을 살려라

한 단체에서 외부에 제출하는 제안서가 모금 담당자에 따라서 제각각이라면 어떻겠는가? 제안 대상자 입장에서는 그중 하나를 받는 것이기 때문에 크게 영향이 없을 수 있다. 하지만 조직 전체에서 통일감 있게 하나의 템플릿이나 제안서 작성의 틀을 마련해 두고 사용한다면 담당자 개인이 애써 디자인을 해야 하는 시간을 줄일 수 있다. 물론 달랑 하나만 준비해서 그것만 쓰라고 하면 창의성을 떨어뜨릴 수 있으니 다양한 템플릿과 디자인 형태를 준비하여 대상자에게 맞게 이용할 수 있게 한다면 도움이 될 수 있다.

아이콘, 디자인 소스 등을 단체의 인트라넷 자료실에 담아 놓고 제안서 작성자들이 꺼내 쓸 수 있게 하는 방법이 좋다. 몇몇 단체는 디자인 담당 부서의 업무 중에 '모금 제안서 등 외부 제출 문서의 디자인'이라는 직무를 명시한 곳도 있다.

자료: 월드비전.

▌ 이왕이면 감성적 디자인을 하라

'기부자들은 감성으로 결정하고 이성으로 뒷받침한다'라는 말이 있다. 그래서 일반 영리 회사가 가지는 이성적인 딱딱함과 세련됨보다는 감성적으로 마음을 흔드는 느낌을 살리는 것이 주효할 때가 많다.

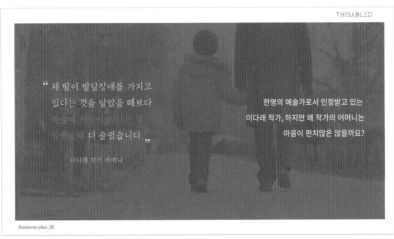

자료: 사회적기업 디스에이블드.

184

자료: 독일인권보호협회.

자료: 월드비전.

▋ 많이 보고 따라하라

대부분 모금가는 디자인 전문가가 아니기 때문에 홀로 기막힌 디자인 아이디어를 낸다는 것은 불가능에 가깝다. 이럴 때 전문 편집 디자이너의 작품이나 예시가 큰 도움이 된다. 편집 디자인이 잘된 잡지나 편집 디자인 회사의 포트폴리오를 자주 참고하면 디자인에 대한 감각을 익힐 수 있다.

디자인 전문회사의 예시(좌)를 제안서(우)에 활용한 예.
자료: 삼성전자(좌), 아름다운가게(우).

제4장 모금 제안서 작성 사례

- ☑ PPT형 제안서
- ☑ 리플릿형 제안서
- ☑ 기타 형식 제안서

이번 장에서는 실제로 완성된 제안서를 통해 앞서 설명한 모든 생각과 기술, 작성법이 어떻게 녹아들어 있는지를 소개하려 한다. 소개할 제안서 중 앞쪽 2개는 동일한 사업(재활용품 매장 설립)에 대해, 제안 대상자만 다른 사례이다. 같은 주제를 가진 제안서를 소개하여 대상에 따라 내용이 어떻게 달라지는지를 비교할 수 있도록 하였다. 또 다른 사례는, 지방의 작은 복지단체가 자신의 요청 내용과 전혀 관련이 없는 사업을 하는 서울의 큰 기업에게 제출한 제안서이다. 앞서 소개한 '연결'(connect)을 어떻게 만들어 가는지를 보여 주는 사례이다. 또한 1장짜리 제안서라고 볼 수 있는 리플릿형 후원 요청서와 최근에 유행하고 있는 스토리텔링형 제안서, 그리고 수시 업그레이드가 가능하고 인쇄가 필요 없는 클리어파일이나 프레스키트 형태의 제안서도 있다.

총 일곱 개의 제안서들 중에서는 성공한 제안서도 있고, 성공하지 못한 제안서도 있다. 제안서가 나름 잘 작성되었다 하더라도 제안이라는 전 과정을 통제하지 못했을 때 결국 실패한다는 교훈을 남긴 제안서도 있다. 실무에 도움이 되고자 하는 마음으로, 제안서를 쓰면서 어떤 고민을 했고, 어떤 결정을 내렸고, 어떤 작업을 했는지 비교적 소상히 적었다.

여기서 소개하는 제안서가 모범 답안이라는 것은 아니다. 거듭 강조한 대로 최고의 제안서라고 생각한 것이 대상자와 상황에 따라 최악의 제안서가 될 수도 있다.

정답은 언제나 우리에게 있지 않고 상대방에게 있다. 다른 사람이 쓴 제안서를 참고할 때 제안서 자체만이 아니라 그 제안서가 어떤 상황에서 누구에게 제안된 것인지 파악할 필요가 있다. 또한 그 제안서를 작성하기 위해 힘쓴 제안자의 고뇌와 노력을 봤으면 한다.

PPT형 제안서

공간 기증 제안서:
아름다운가게 '평택시 매장 공간 기증 제안서'

재단법인 아름다운가게에 전화가 걸려온 것은 평택시청 공무원들이 '공익
활동 활성화' 자문을 받기 위해 단체를 방문했다가 돌아가고 2시간 후였
다. 자문 때 혹시나 하는 마음에 평택시에 재사용 나눔가게 매장을 개설하
면 어떤가 하는 얘기를 꺼냈지만 당시에는 특별히 관심이 없어 보였다. 그
래도 나중을 모르니 우선 얘기나 해 두자라는 심정으로 꺼냈던 말에 반응
이 온 것이다. 그때부터 3시간 뒤쯤 평택시 시장에게 보고해야 하는데 미
팅 때 말한 '매장 개설을 위한 지자체의 공간 요청'을 제안서로 만들어 줄
수 없느냐는 전화였다. 좋은 기회가 왔지만 주어진 시간은 3시간뿐이었
다. 그래도 포기할 수는 없어서 바로 작업에 들어갔다.

우선 평택시와 평택시장에 대해 조사를 시작했다. 평택시 홈페이지에
들어가 평택시의 주요 사업계획, 평택시장의 프로필과 공약사항 및 공약
이행 실적 등을 확인했고, 부족한 부분은 담당 공무원에게 질문했다. 평

택시에 대해 어느 정도 파악했을 때, 단체와 연계될 수 있는 부분이 무엇인지, 그들(시장과 공무원)의 욕구로 보이는 부분을 어떻게 채워 줄 수 있다고 해야 할지 고민해야 했다. 대략의 내용을 생각나는 대로 제안 콘셉트로 써 내려갔다. 그리고 매장 관련 부서장에게 제안 콘셉트 등을 얘기하고 협의했다. 이는 매장 실무 담당자와 협의되지 않은 내용이 전달될 경우 난감한 상황이 생길 수도 있기 때문이며, 사업 내용에 대해 잘 모르고 있던 내용을 확인하여 제안에 활용하기 위함이었다.

마감이 임박한 모금 실무자가 제안서에는 손도 대지 않고 태평스럽게 전화나 검색을 하고 있기는 쉽지 않다. 그러나 매장 공간 요청은 아름다운가게의 핵심 제안 항목 중 하나로 이전에도 유사한 제안 경험을 많이 가지고 있어 기본적인 소개 자료가 준비되어 있었기에, '평택시에 맞는 맞춤형 콘셉트'만 찾아내서 정리하면 되었다. 물론 맞춤형으로 하려다 보면 소개 자료 역시 일부를 변경해야 하는 경우도 생기지만, '제안 경험의 자산화'가 이뤄져 있다면 처음부터 새로 준비하는 것보다는 훨씬 수월하고 빠르다. 적은 시간이기에 단체 소개나 매장 개설 프로세스는 기존의 것을 이용하기로 하였다.

콘셉트는 간단명료했다. '지역과 국제'. 국제 항구를 기점으로 국제화 중심 도시를 꿈꾸는 평택시와 이것을 공약으로 내건 평택시장의 욕구는 '국제'라는 키워드로 수렴한다고 보았다. 여기에 지자체이니만큼 평택시 시민이 참여를 통해 지역의 복지와 환경에 기여하는 방식을 부각하는 것이 필요하다고 보았다. 10여 장쯤 되는 제안서는 사실 이 두 가지 콘셉트를 여러 가지 콘텐츠로 표현하는 것이다.

문장으로 표현된 콘셉트는 "시장님, 평택시가 꿈꾸는 국제화 중심 도시 비전에 아름다운가게 및 재사용 나눔 매장이 중요한 콘텐츠가 되어 드리겠습니다"였다.

짧은 시간 콘셉트에 집중해서 작성한 제안서는 이메일로 전달되었고, 담당 공무원들로부터는 긍정적인 반응을 얻었다. 하지만 제안은 실패했다. 시장 보고 일정이 취소된 것이다. 벼락치기로 작성한 제안서는 말 그대로 공중에 뜬 무용지물이 되었다. 다시 제안의 기회를 만들기에는 너무 바빴고 그것으로 제안은 안타깝게 마무리되었다. 그래도 이 제안서를 소개하는 것은, 단순한 사업과 단체 소개 위주로 제안 대상자의 특성이 전혀 반영되지 않은 '붕어빵 제안서'가 아닌 '맞춤형 제안서'라는 것을 어떻게 쓰는지 소개하기 위함이다.

자, 그럼 실제 작성된 제안서를 들여다보자.

정리된 제안 콘셉트

팩트/욕구	제안 콘셉트	메시지/제안 내용
평택시의 비전이자 평택시장의 공약사항 '국제화 중심 도시'	국제도시에 걸맞은 콘텐츠 보강	• 국제 지원 특화 매장 개설 • 아름다운가게의 국제 네트워크 활용
지자체	지역과 지역민을 위한 최고의 공익 활동	• 아름다운가게는 지역민의, 지역민을 위한, 지역의 공간임을 강조 • 다양한 계층의 시민 참여가 가능한 공익 활동
평택시장의 공약 중 환경, 복지	비예산 사업으로 공약 실천	• 매장 운영 시 환경과 복지 분야 기여 내용과 성과 제시
선출직 공무원 (지자체장)	공약 사업의 실천 및 주민 관계 개선, 홍보 활동	• 아름다운가게의 조직력, 네트워크, 홍보 역량 강조 • 많은 지역인사들과의 선한 교류의 장이 될 수 있음을 어필
공익 사업 아이디어 및 진행 노하우 고민 (담당 공무원)	공익 사업의 파트너	• 아름다운가게의 우수한 인력 구성과 정보력, 기획력 강조

아름다운가게 평택점

매장 개설 제안서

아름다운가게 for **Super**

나눔과 순환이
꽃처럼 피어나는 세상
그 아름다운 미래가 평택에서
열매를 맺게 되길 바라며…

아름다운가게 기증자, 자원봉사자, 활동가, 구매자
모두가 두 손 모아 이 제안서를 드립니다.

- 전체적인 디자인에 아름다운가게의 대표 색상인 올리브 그린을 사용하여 통일감을 주었음.
- 앞서 말한 꽃의 사용으로 도입부에서 호감과 긍정적 이미지를 이끌어 내려 함.
- 제안자를 아름다운가게의 모든 이해관계자(기증자, 자원봉사자, 활동가, 구매자 등)로 함으로써 모두의 희망을 담았다는 것을 표현.

3
—
단체 소개

우리 사회의 친환경적 변화에 기여하고
국내외 소외계층 및 공익활동을 지원하기 위해
설립된 비영리 공익 법인

| 〈행정안전부 소관〉 비영리 재단법인 | 〈기획재정부 인가〉 공익성 지정 기부금단체 | 〈노동부 인증〉 사회적기업 |

4
—
단체 및 사업 소개

 아름다운가게 매장의 지역적 의미

지역사회에서의 공익활동 허브! Mother NGO

- •지역발전을 위해 지자체에서 제공한 공간에서
- •지역민들이 기증한 물건을 가지고,
- •지역민들의 자원봉사를 통해
- •지역민들이 구매하여 만들어진 자금으로
- •지역의 소외된 이들과 지역단체들을 지원하는
- •지역민들의 생활문화공간(지역의 공적 자산)

- 단체 소개를 앞에서 먼저 할지, 뒤쪽에서 할지를 결정해야 하는데, 평택시장이 아름다운가게를 전혀 모른다는 가정에서 단체 소개를 앞쪽에 배치.
- 지자체라는 특성을 고려하여 정부의 인가를 받은 공신력 있는 단체임을 강조.
- 제안의 대상자가 지자체 및 지자체장이기 때문에 아름다운가게 매장의 지역적 의미를 강조하여 소개.
- 지역민이 참여하고 함께 만들어 가는 공간이라는 점을 강조.

🌸 아름다운가게 매장의 의미

[기부물품을 기부금으로 바꾸는 장소]

- 지역 생활환경운동의 핵심
- 지역 재활용 문화 확산의 시발점
  (재활용품의 접촉, 거래-구매/판매)
- 지역 복지, 자선의 허브
- 지역 공익활동의 화수분(자금 지원)
- 지역의 善意를 모아내는 공간
  (유력자,기업,단체/개인)
- 지역 공동체 운동의 구심점
  (지역민의 커뮤니티(사랑방) 공간)
- 지역민들의 자원활동 공간
  (임금제공, 자아실현)
- 기부 물품 모금/관리 장소

- 착한 소비를 이끄는 유통 장소
  (대안무역, 재활용상품, 지역의 친환경 위탁상품)
- 지역의 공익 인프라
- 공간적 실체를 가진 공익활동 장소
- 자녀 교육 장소(나눔과 순환)
- 지역의 랜드 마크(만남의 장소)
- 양극화 해소의 장소

- 자칫 작은 중고용품 매장이라고 의미를 폄하할 수 있기에 아름다운가게 매장이 지역에서 매우 다양한 공익의 중심지 역할을 할 수 있다는 점을 강조하여 설명.
- 이 부분에도 대상자(평택시장)의 핵심가치인 '지역성'을 반복적으로 거론하여 강조.

6
—
콘셉트 제시

7
—
콘셉트 제시

- 시간이 별로 없는 지자체장에게 바로 본론을 얘기하려 함.
- 제안 콘셉트를 한 장에 표현. '국제화 중심 도시'를 꿈꾸는 평택시가 갖춰야 하는 '국제적 콘텐츠'로 '국제 구호에 특화된 재사용 나눔 매장'을 제안.
- 빈 구호가 아닌 '국제 사업에 수익금 활용', '평택시 외국인 봉사' 등 구체적 실천 내용으로 '국제'라는 개념과의 연결을 시도.
  (시간이 있었다면 평택시의 '국제' 관련 활동들을 한 장표로 정리했을 것)

매장개설의 의미

이미지 프리미엄

8
—
기부자 이익 제시

최초의 '국제 지원 특화 매장'으로서의 프리미엄을 얻을 수 있습니다.

늘, 최초라는 단어는 어렵고 용기가 필요합니다. 평택시의 비전인 〈국제화 중심 도시〉를 달성하기 위해서는 경제적 사업과 함께 해외의 어려운 이들을 돕는 복지적 이미지 역시 필요할 것으로 봅니다. 아름다운가게에서는 지역민들의 참여로 만든 자금을 통해 해외를 지원하는 최초의 매장을 바로 평택에 설립하고자 합니다.

매장개설의 의미

이미지 프리미엄

9
—
기부자 이익 제시

'국제화 중심 도시-평택'에 걸맞는 국제 지원 활동에 참여하고, **국제 공익 네트워크**를 가질 수 있습니다.

아름다운가게는 인도, 네팔, 방글라데시 지역에서 지구온난화에 따른 수해 피해를 지원하는 프로젝트인 '나마스테, 갠지즈'와 태국 소수민족들의 에이즈 피해 아동을 지원하는 프로젝트, 제3세계의 긴급한 재해를 지원하는 프로젝트, 인도지역 불가촉천민 지역의 아동 교육 사업, 네팔, 페루 지역 공정무역 생산자 지원 등을 진행하고 있습니다. 이러한 프로젝트를 같이 지원함으로써 평택시의 국제적 이미지는 한층 강화될 것으로 봅니다.

또한 아름다운가게는 세계적으로 유명한 미국의 구세군과 굿윌, 영국의 OXFAM, 일본의 WE21 등과 전략적 제휴관계를 맺고 있어 이 관계를 평택시에서 유용하게 활용할 수 있으리라 생각합니다.

- 지자체 및 지자체장의 입장에서 지자체를 홍보하는 데 효과적인 콘셉트인 최초, 최대, 최선 등 '최씨 남매'를 사용함. 이왕이면 도시의 비전에도 맞고 국내에서 최초로 시도되는 콘셉트의 매장을 유치하는 것이 지자체 입장에서 유리할 것이라는 메시지를 표현.
- 국제화 중심 도시라는 비전에 관련한 두 번째 콘텐츠로서 아름다운가게가 가지고 있는 국제 네트워크를 소개. 즉, '우수한 국제 네트워크를 활용한다면 국제화 중심 도시로서의 콘텐츠 보강에 도움을 받을 수 있을 것'이라는 메시지를 주고자 하였음.

10
—
기부자 이익 제시

Super 매장개설의 의미

지역 복지, 환경

복지평택, 환경평택을 실현하는 데 도움이 됩니다.
재사용을 통한 환경 개선 효과와 복지 단체로서의 실질적 역할을 진행합니다.

환경 개선 효과	복지, 배분 효과
쓰레기 감량과 자원절약	소외 이웃지원, 공익단체 지원
•1개 매장 중고 기증물량 : 약5~10만점 •금액으로 환산한 환경개선효과 : 약2억원 •재활용 인프라 : 기증할 10여개, 처리센터1곳, 수거트럭1대	•년 평균 3천만원의 직접 자금 제공 •년 평균 200여개, 10여개 단체 지원 •현물 배분, 문화 나눔, 복지 커넥팅, 시스템/노하우/자원 개발 컨설팅 지원 등

*수익금을 국제 구호 또는 평택시의 지역복지 사업에 우선하여 사용할 수 있습니다.
(단, 아름다운가게 배분 규정과 의사결정에 의함)

11
—
기부자 이익 제시

Super 매장개설의 의미

지역 커뮤니티

지역민들이 마음껏 이용할 수 있는 커뮤니티 공간이 됩니다.
아름다운가게에 드나드는 사람들은 일 평균 3~500여명. 상업공간이 아니면서 이렇게 많은
사람들이 이용하는 시설은 찾기 힘듭니다. 또한 좋은 뜻을 가지고 찾아오는 이들이기 때문에
아름다운가게가 이야기하는 지역 공익 사업들과 정책들에 대한 메시지들을 기꺼이
수용하려는 특징을 가지고 있습니다.

《일본 가나가와현 청사 1층에 있는 자선가게》

- 지자체장의 공약사항과 지자체의 일반적 행정 목표인 복지와 환경 분야에서 '비예산 사업'으로 누릴 수 있는 높은 간접 효과를 강조.
- 지자체들이 관광 활성화나 도시 이미지 제고, 파급 효과를 위해 적극적으로 국제기구를 유치하는 경쟁에 나서는 점에 착안하여, 아름다운가게 매장 유치가 그러한 지자체 사업과 유사하다는 점을 부각함.
- 작은 매장이라고 해서 구멍가게가 아닌, 수많은 시민들이 공익 활동에 참여하는 공간이며, 평택시의 주요 정책 홍보가 가능한 커뮤니케이션 장소로 활용될 수 있다는 점을 강조.

198

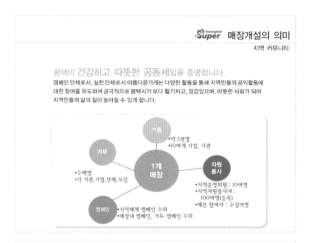

- 중고품을 팔고 그 수익금을 공익에 사용하는 단순한 구조이지만 운영 프로세스 전반이 시민의 참여와 활동으로 이루어진다는 점을 보여 줌.
- 매장 활동과 관련한 참여 인원수를 보여 줌으로써 수천 명이 관여하고 참여하고 있는 것을 구체적으로 제시.
- 선출직 공무원인 시장 입장에서 무시할 수 없는 수많은 지역민들이 함께하는 활동 장소임을 강조.
- 지자체장 입장에서 매우 중요한 지역 리더들, 기업들과의 관계를 매장 개설 및 운영이라는 계기를 통해서 맺을 수 있음을 강조.

14

기부자 이익 제시

15

기부자 이익 제시

- 순수한 공익 활동 지원 외에 지자체와 지자체장이 원하는 홍보 효과를 달성할 수 있다는 점 언급.
- 아름다운가게가 다른 비영리 단체들보다 홍보 및 마케팅 역량이 더 강하니 이를 잘 활용하면 시정에 도움이 될 것이라는 점을 은연중에 강조.
- 담당 공무원 입장에서도 매장의 유치가 매력적이라는 것을 보여야 보다 적극적으로 우리 편이 되어 줄 것으로 예상함.
- 담당 공무원의 업무인 공익 사업에 대해 단체가 가진 자원을 총동원하여 도와줄 수 있음을 강조하였고, 이는 곧 담당공무원의 업무 성과가 될 수 있다고 설득.

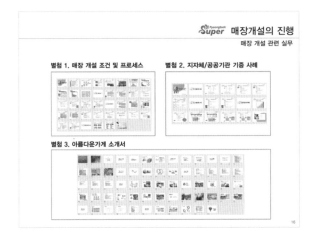

• 준비 시간이 짧았기 때문에 다른 내용은 기존 자료를 별첨해 해결.

별첨 1 매장 개설 조건 및 프로세스

실제 매장이 개설된다면 어떤 식으로 진행되고 어떤 부분이 필요한지에 대한 내용으로, 요청하는 공간과 자금의 수준을 정리한 부분을 포함. 이 외에 매장 운영 프로세스 소개, 매장 사진, 매장 오픈 과정, 매장 필요 조건, 매장 수익금의 활용, 제안 항목 등을 담음.

별첨 2 지자체/공공기관 기증 사례

개인 기증자, 법인(기업) 기증자, 지자체 기증자들의 사례와 기증 후 소감, 기증 효과 등을 적은 내용으로, 기증자 인터뷰, 기증 효과, 기증자 예우 등을 포함. '선례'와 '예산', '규정' 세 가지는 공무원들이 일을 시작하는 데 가장 중요하다고 하는 내용임. 그래서 선례를 들었고, 별도 예산이 필요 없다는 점을 강조하고, 공유재산 사용에 관한 관련 규정을 적음.

별첨 3 아름다운가게 소개서

범용으로 사용하기 위해 사실 관계 위주로 작성됨. 단체의 미션과 비전, 설립 철학과 핵심가치, 희망과 변화, 역사, 사업 내용과 의미, 운영 조직과 함께하는 사람들, 운영 성과 등의 내용을 포함.

눈이 밝은 분이라면 이상한 점을 하나 발견할 수 있을 것이다. 전체적인 제안서 구성에서 다소 글이 많고, 일반적인 제안서와 달리 서술형 문장으로 쓰여 있다는 것을 볼 수 있다. 왜 그랬을까?

만약 이 제안서를 제안자가 직접 발표할 수 있었다면 모든 설명을 자료에 넣지 않았을 것이다. 가능하다면 핵심 내용을 도식으로 표현하였을 것이다. 하지만 우선 그럴 만한 시간이 없었고, 당시는 담당 공무원들이 제안서를 건네받아 시장에게 보고를 해야 하는 상황이었다. 그래서 공무원들이 제안서를 보며 그대로 읽을 수 있도록 하는 것이 이해하기 쉬울 것이라 생각했기 때문이었다. (이 부분은 결론적으로 잘못된 판단이었다. 공무원들이 쓰는 서식이나 표현을 고려하는 것이 더 나을 뻔했다.)

제안서에서 나름 공무원들이 결정을 할 수 있도록, 저항 요소인 선례, 예산, 규정에 대한 부분을 언급하며 '피해 갈 논리'와 '해야 할 명분'을 찾아 주었지만 해당 시의 상황이나 시장의 성향, 필요 공간의 확보 가능성 등 가장 기본이 되는 정보의 부족으로 '이길지 질지' 모르는 제안을 하고만 것이다. 그래서 결과적으로는 실패했다고 본다. 이 제안을 겪으면서 제안은 반드시 직접 진행해야 하며, 죽이 되든 밥이 되든 실제 요청이 이뤄져야 한다는 점을 다시 한 번 확인하게 되었고, 지자체와의 소통에서 어떤 부분이 중요한지도 알게 되어 이후 다른 지자체에 요청할 때 더 나은 제안이 가능했다.

공간 마련 자금 지원 제안서:
아름다운가게 '사노피-아벤티스 매장 마련 자금 기부 제안서'

같은 내용의 제안이지만 대상이 달라질 때 제안서가 어떻게 달라지는지를 살펴보는 것도 좋은 공부가 될 것이다. 다음 소개할 제안은 평택시의 사례와 같이 '재사용 나눔 매장'을 기증받기 위한 제안서이다. 다른 점은, 지자체에게는 공간을 기증해 달라는 것이었다면 기업에게는 개설 자금을 기부해 달라는 것이다.

프랑스계 세계적 제약회사인 사노피-아벤티스는 아름다운가게 창립 당시부터 신뢰 파트너십을 맺어 온 기업이었다. 특히 소아당뇨 환자를 돕는 '초록산타'라는 프로그램을 6년 넘게 함께해 왔는데 기업 측에서는 새로운 형식의 사회공헌 활동에 대한 욕구가 있었다. 사실 아름다운가게 입장에서 아이디어야 많이 낼 수가 있었지만 모금을 위해서 사업을 하나 만드는 것이 얼마나 어렵고 부담되는 일인지를 알고 있었기 때문에 가급적 기존 사업으로 기부를 유도하려 하였다. 그래서 매장 개설을 제안했지만 기업 측은 직접 지원 사업이나 캠페인 사업을 원했다. 서로간의 이해관계가 다르다 보니 논의는 늘 겉돌았고, 약간의 불신도 생기면서 자칫 기존의 사업 파트너십도 흔들릴 수 있는 상황이었다.

이런 상황에서 12월 눈 내리던 어느 날 다음년도 사업을 위한 사회공헌 아이디어 회의가 열렸다. 기업과 아름다운가게, 그리고 홍보대행사가 참석한 회의는 사회공헌 분야의 선택, 신규 아이디어의 발굴, 기존 사업들의 개선 순으로 논의가 진행되었다. 회의를 통해, 사노피-아벤티스가 기존의 소아당뇨 환자 지원 사업인 '초록산타'에 상당한 애착을 가지고 있음을 알게 되었다. 말로는 다른 프로그램을 원한다고 하였지만 내심 소아당뇨 환아 지원 분야에 대한 국내 주도권을 쥐고 싶어 했고, 자신들이 기획한

'초록산타' 프로그램을 더 발전시켜 잘하고 싶어 한다는 것을 확인했다. 또한 직원들, 특히 신입사원에 대한 자원봉사 일감 마련에 고민이 있다는 점과 사회공헌 활동이 기업의 홍보에 도움이 되었으면 하는 솔직한 마음도 알 수 있었다. 또한 놀라운 점 하나도 발견했는데, 그들은 아름다운가게가 매장을 내자고 하는 제안을 '잔일이 많아 귀찮은' 초록산타 프로그램을 중단하려는 의도로 이해하고 있었다는 점이었다.

논의를 하면서 잘못된 정보를 바로잡고, 기업 담당 직원들이 흥미를 가질 만한 해외의 사회공헌 정보와 사례를 소개하면서, 매장이라는 공간이 만들어진다면 얻을 수 있는 이익을 적극적으로 이야기하기 시작했다. 처음에는 반신반의하면서 제안을 회피했던 기업 측 인사들이 2시간이 넘을 때쯤에는 상당히 호의적으로 변한 것이 느껴졌다. 회의를 마치면서 기업 측 임원은 매장에 대해 자신들이 조금 좁게 생각하고 있었던 것 같다고 말했고, 이후 전화를 걸어 회의에서 나온 이야기를 중심으로 제안서를 써서 보내 달라고 했다.

사실 2시간 동안 회의를 했다기보다는 제안을 준비한 것이었다. 매장 기부에 회의적이었던 대상자들을 최대한 설득했고, 어떤 포인트에서 그들이 제안을 받아들일 것인지 제안 콘셉트를 점검할 수 있었다. 당일 이미 제안은 완료된 것이었고, 이후 제안서는 논의된 내용을 글로 표현하는 것 수준이었다.

제안서를 쓰기 위해 기업과 내부 매장 개설 담당자들에게 몇 가지를 확인했다. 콘셉트를 정했지만 실제 그것이 실현 가능한지를 따지기 위함이었다.

콘셉트를 잡아 작성된 제안서는 메일로 전달했고, 이미 회의를 통해 어느 정도 이해가 있는 상태였기에 간략한 설명만 덧붙였다. 아름다운가게에서 별도로 기업을 방문하여 제안을 진행하지는 않았으며 기업의 담당 임원이 내부에서 논의하고 상급자에게 결재를 받는 과정으로 진행되었다. 결과는 '성공'이었다.

제안서는 최종 의사결정권자인 프랑스인 사장을 고려하여 작성되었다. 그래서 사진이 많은 편이다. 단순하게 정리해 보자면 아름다운가게의 매장이 사노피-아벤티스의 사회공헌 주제인 '소아당뇨 환아 지원', '초록산타 프로그램'에서 어떤 의미로 활용될 수 있는지를 이리저리 풀어낸 제안서이다.

정리된 제안 콘셉트

팩트/욕구	제안 콘셉트	메시지/제안 내용
소아당뇨 환아 지원에 대한 진정성과 의지	소아당뇨에 대해 가장 잘 말할 수 있는 곳	• 매장은 소아당뇨에 대한 사회적 인식을 확산하기 위한 커뮤니케이션 장소이다.
예산 대비 효과	자가발전이 가능한 곳	• 매장은 종잣돈만 들이면 계속 수익이 발생하고 그 수익으로 소아당뇨 환아 지원을 계속할 수 있는 지속가능성이 있다.
초록산타 홍보, 운영	초록산타 홍보 및 운영 공간	• 초록산타 사업을 상시적으로 홍보할 수 있는 최적의 장소이다. • 현재 0.6명인 초록산타 담당자가 31명(간사 1명과 자원활동가 30명)으로 확대된다.
직원 자원봉사 일감	기업명으로 된 매장에서 자원봉사 상시 운영	• 공간이 생기면 언제라도 자원봉사가 가능하다. • 직원들 입장에서 훨씬 애사심과 자긍심을 가질 수 있다. • 공간을 활용하여 다양한 사회공헌 프로그램을 진행할 수 있다.
홍보 효과	공간을 활용한 상시 홍보	• 강남대로변에 매장이 개설된다면 광고 입간판 가격보다 싼 가격으로 홍보 효과를 얻을 수 있다. • 고객들과 함께하는 다양한 프로그램 진행이 가능하다.

1
—
표지

2
—
도입부

- 표지에 흔히 들어가는 '제안서'라는 제목이 없음. 이미 오랜 시간 신뢰관계가 형성되어 있는 곳이라서 격식을 차릴 필요가 없었기 때문이고, 사전에 충분히 논의되어 담당임원이 제안의 내용을 숙지하고 있었으므로 '긍정적 이미지'만 전달하려고 하였음. 영문으로 된 글은 '사노피-아벤티스' 홈페이지에 있는 그들의 미션을 응용하여 작성한 것.
- 두 번째 페이지는 역시나 꽃 사진이 들어감. 처음 만난 사이가 아니라서 그동안의 지원에 대한 감사의 마음을 먼저 표현.

- 외국계 회사들의 특징은 명확하고 구체적인 것을 좋아한다는 점임. 그래서 바로 제안하는 바를 먼저 정리해서 보여 줌.
- 핵심 콘셉트는 '소아당뇨 환아 지원 사업인 초록산타 프로그램이 더 잘될 수 있는 공간으로서의 매장의 개설과 운영'임.

4
—
단체 소개

5
—
단체 소개

아름다운가게는
재활용 자선가게입니다.
Recycle—Charity Shop

- 다음 페이지는 아름다운가게 소개임. 이미 아름다운가게를 충분히 알고 있는 기업 실무자에게는 굳이 소개가 필요하지 않았지만 아름다운가게를 전혀 모르고 있는 프랑스인 사장에게는 어느 정도 설명할 필요가 있음. 구구절절 아름다운가게 사업과 역사를 소개하기 보다는 프랑스인들도 알고 있는 전 세계적 NGO인 '옥스팜'의 한국판이라는 개념으로 설명.
- 의외로 매장에 대한 이해가 없다는 것을 알고 매장 전경 사진을 통해서 '중고용품 매장'이 아닌 깔끔하고 세련된 디자인의 공간임을 강조.

Eco-friendly, ethical goods shop
친환경 상품, 공정무역, 사회적기업/윤리적 상품이
거래되는 친환경 윤리 상품 매장

Center of Volunteering, Networking
자원봉사, 지역단체/기업/정부기관과의 연대가 활발한 소통의 장

Center of Communication
특정 사회공익적 이슈 캠페인을 진행하는 공간

Charity shop
수익으로 소외 이웃과 공익활동에 지원하는 자선가게

아름다운가게의 특성은
사노피-아벤티스가 활용할 수 있는 장점이 됩니다.

자가발전기능
종자돈만 들이면 그 다음 운영에 대해서는
자체 생산,발전하는 시스템이다.

공간실체성
영원히 존재하는 장소로 다양한 활동이
가능한 〈공간〉이라는 실체가 있다.

지속성
한 번으로 끝나지 않고 몇 십년이
계속되는 공익사업이다.

소통성
수많은 사람들을 직접 만나고
소통할 수 있는 곳이다.

확장성
매년 그 역할과 활동, 수익나눔 등이
관리능력 향상과 더불어 계속 성장한다.

경제성
종자돈의 제공만으로 향후
모든 성과의 주체가 된다.

공익성과 다양성
기부(기증), 환경, 자선, 자원봉사, 교육,
지역운동 등 다양한 공익활동의 집합체이다.

영역성
특정 영역과의 관계를 기반으로 하기 때문에
가장 친영역적, 지역적 성격을 갖는다.

• 아름다운가게의 의미를 나열하면서 '공간이라는 특성을 잘 활용하여 기업의 핵심 이슈인 〈소아당뇨〉와 〈초록산타〉가 더 잘될 수 있도록 한다'라는 제안 콘셉트와 연결될 수 있도록 포석을 깔기 시작함.
• 아름다운가게의 특성 역시 이후 등장하는 제안 콘셉트를 풀어내기 위한 복선이자 설득력을 높이기 위한 수단으로 사용.

8
—
콘셉트 제시

9
—
**전체 요약 및
콘셉트 제시**

• 여기서도 편지 형식을 통해 제안의 콘셉트인 '매장 = 소아당뇨 커뮤니케이션 공간'
  을 드러내고 있음.

• 전체적인 제안 콘셉트를 도표로 보여 줌. 소아당뇨 분야에서 카테고리 리더가
  되고자 하는 기업의 희망을 실현해 줄 수 있는 공간으로 아름다운가게 매장을
  표현.

Role 1. 소아당뇨 캠페인 공간

자원
• 1개 매장당 일일 방문객 500명, 년간 연인원 144,000명
• 지자체, 기업, 기관, 단체 20여곳과 연계 활동
• 30회 이상의 매체 접촉 기회

활동
소아당뇨(=사노피-아벤티스)에 대한 이해와 참여를
이끌어 내는 다양한 방식의 공간 커뮤니케이션 진행

Campaign TV
소아당뇨에 관한 이야기,
초록산타 지원사례,
사노피-아벤티스 광고
등을 상영하는 캠페인 TV

Place for
communicating Mission

매장내 빈 곳을 이용한
캠페인 이슈 문구 제공
Ex)당뇨의 고통, 아이들에겐
더 힘이 듭니다. 그들에게
희망을 선물합니다. –초록산타

• 매장이라는 공간이 사노피-아벤티스의 공익 사업에 어떤 역할을 할 수 있는가를 표현하는 것이 주요 콘셉트이기 때문에 첫 번째는 바로 소아당뇨 캠페인 공간이라는 점을 부각. 효과 높은 캠페인 공간이 되려면 이용객이 많고, 매체에서 관심을 가져야 한다는 것을 표현하려 관련 정보를 종합하여 숫자로 표현.
• 캠페인 공간이 되겠다는 말이 헛되지 않으려면 구체적인 내용을 담고 있어야 함. 그래서 캠페인 TV 등을 통해 매장 곳곳에서 소아당뇨에 대한 메시지를 전달할 수 있다는 점을 강조.

12
—
기부자 이익 제시

13
—
기부자 이익 제시

- 아예 소아당뇨에 대한 소개 구역을 별도로 만들어 운영하겠다는 제안을 추가하여 의지를 표명.
- 중고품 판매 매장이라는 특성상 모든 물품에 붙는 가격표가 있음. 해당 가격표에 까지 '소아당뇨 = 사노피-아벤티스'라는 커뮤니케이션이 가능하다는 점을 부각함. (실제 실현 가능하기도 했지만 이러한 소소한 아이디어가 대상자들에게는 상당히 매력적으로 다가설 수 있음.)

- 두 번째 콘셉트인 프로그램의 지속성에 대한 서술. 매장을 통해 초록산타 프로그램이 더욱 잘될 수 있다는 점을 강조. 또한 매장이라는 특성상 한 번 설립하면 지속적인 수익 창출로 추가 자금을 들이지 않고도 사회공헌 활동이 가능함을 어필하고, 더 나아가 수익금을 초록산타에 투입할 수 있는 '자가발전형', '지속가능형' 사업 모델임을 강조.
- 수익을 초록산타에 사용한다는 점과 다양한 행사를 통해 초록산타 사업을 알릴 수 있음을 어필.

16
—
기부자 이익 제시

초록산타 Zone
매장내 매대 하나를 초록 산타 프로그램을 위한 특별 기증물품을 파는 곳으로 하여
판매된 금액 전액을 소아당뇨 아동을 지원하는 자금으로 활용. (별도의 기증 활동 필요)

17
—
기부자 이익 제시

사랑의 당뇨학교 등 소아당뇨 지원 프로그램
자원봉사자들과 함께 매장운영자가
진행가능한 수준의 프로그램을 직접 진행

- 매장 내 별도의 초록산타 프로그램 홍보 구역을 마련할 수 있다는 점을 강조.
- 기존의 초록산타 프로그램은 유지되며, 특히 더 많은 자원봉사자들이 참여하여 더욱 풍성하고 알찬 진행이 가능함을 어필함. '현재 0.6명인 초록산타 담당자가 31명으로 확대된다'는 콘셉트는 자칫 부메랑 효과를 낼 수 있어 두리뭉실하게 표현.
- 매장이라는 공간을 운영함으로써 기업이 원하는 프로그램을 더 잘 진행할 수 있다는 점이 설득 포인트.

Role 3. 자원봉사와 소통의 공간

자원
- 1개 매장당 평균 30여명의 자원봉사자
- 일시 단기 자원봉사자 100여명
- 지역 학교, 연관 동아리 단체들의 자원봉사 활동 장소

활동
일반 자원봉사자들의 참여와 더불어 사노피-아벤티스 직원들의 정기적인 자원봉사 공간으로 활동
- 단순 판매 자원봉사가 아닌 캠페인 및 모금 자원봉사 포함

Volunteering
루돌프 봉사단, 신입사원 사회봉사, 지역민/학교/환아지원 온라인 동아리들의 봉사 활동 유치로
초록산타에 대한 이해도와 충성도를 높일 수 있음.

- 기업 담당자의 고민이었던 직원들의 자원봉사에 대해 해법을 제시한 페이지. 자원봉사의 공간으로 훌륭하다는 내용과 더불어 매장에서 할 수 있는 다양한 자원봉사 일감을 소개.
- 특히 신입사원들의 매장 내 자원봉사가 그들에게 줄 수 있는 애사심을 강조하였고, 직원들에게 '초록산타 프로그램'을 인식시킬 수 있는 좋은 방법이라는 점을 언급.

20
—
기부자 이익 제시

Fundraising
자원봉사자들이 단순 매장 판매 보조 활동과
더불어 소아당뇨 및 초록산타 프로그램에 대한
캠페인 활동과 모금 활동을 병행하는
수준높은 봉사 활동 가능.

21
—
기부자 이익 제시

Wish Tree & On-line Blog.
매장에 상시 소망트리, 커뮤니케이션 보드를 만들어
소아당뇨 환우 및 가족들에게
격려의 글을 남기게 하고,
기부자와 환우들이 소통할 수 있는 블로그를 운영

- 회의 당시 관심을 보였던 '직원들이 모금 활동을 직접 해 보는 것'에 대한 이야기를 정리하여 표현.
- 회의 당시 큰 흥미를 내비친, 해외 유명 백화점에서 진행한 '크리스마스 소원 나무 (wish tree)' 프로그램 제시. 이런 활동이 가능하기 위해서는 자체적으로 운영하는 매장 같은 '공간'이 있어야 함을 강조.

Role 4. 기업이 세상과 네트워킹하는 공간

자원
- 4대 매체, 지역 매체, 전문 매체 등과의 긴밀한 협조 체계
- 특화 매장에는 기업 홍보 공간 또는 프로그램 운영 가능
- 매장이라는 공간성과 참여성 행사가 가능한 특성

활동
사노피-아벤티스의 활동을 소개하는 별도의 공간을 구성하며, 기업의 행사와 사회공헌 활동 등을 연계하여 매체 노출을 유도

Sanofi-aventis speaks "?!"
매장에 사노피-아벤티스의 기업활동이나 기업 상품, 사회공헌 활동을 소개하는 공간을 마련하여 대중과 소통할 수 있게 함.

* (주)삼양사가 기증한 동대문 사례임

삼양사 직원들과 함께하는 삼양 DAY

유명인의 매장 명예 점장 위촉

매장내 삼양사 신상품 소개 코너 설치

- 기업의 임원과 담당자들은 홍보 및 커뮤니케이션 부문 인력임. 그래서 매장을 통한 홍보 효과가 있다는 점을 강조함.
- 사회공헌 활동에 대한 보도자료 배포만이 아닌 매장 내에 별도의 신제품 홍보 공간을 활용하고, 고객이 참여하는 행사 등이 가능한 점을 부각.

24
—
요청사항 제시

요청 사안들

• 도심(B급지 이상) 위치 40평(사무/창고 공간 10평 별도) 매장
  –임대보증금, 인테리어비, 각종 설비비, 오프닝 자금 등
• 이벤트를 위한 외부 공간 및 주차 공간 필요
• 사노피-아벤티스의 각종 컨텐츠
• 소아 당뇨에 관한 세부적 컨텐츠

25
—
마무리

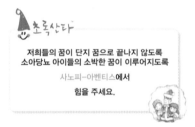

초록산타

저희들의 꿈이 단지 꿈으로 끝나지 않도록
소아당뇨 아이들의 소박한 꿈이 이루어지도록

사노피-아벤티스에서

힘을 주세요.

아름다운가게 정책실 02)3676-1009

• 회의 시 어느 정도 설명한 매장 설립 조건을 대략적으로 정리하여 이야기함. 구체
  적인 금액을 적지 않았던 것은 제안자 입장에서의 전략. 즉, 제안자는 기업 측에서
  상당부분 긍정적인 답변이 오리라고 예상하였고, 이때 너무 낮은 금액을 제시하지
  않게 하기 위해 협상의 여지를 남겨 둠.
• 마지막 페이지에도 초록산타와 소아당뇨 이야기를 사용함으로써 매장이 이 두 주
  제를 위한 것임을 강조하면서 마무리함.

같은 제안의 내용을 담은 앞의 두 제안서의 공통점과 차이점을 정확히 볼 수 있다면 이미 '제안서 보는 눈'이 생겼다는 뜻이다. 거듭 말하지만, 대상이 달라지면 제안의 콘셉트와 메시지는 달라진다. 그래야 제안이라 부를 수 있다.

차량 및 운영비 지원 제안서:
자비신행회 '공동가치창출 협력 제안서'

전화가 한 통 걸려 왔다. 모금가학교에서 강의를 들었던 교육생이었다. 중요한 제안이 하나 있는데 제안서를 하나 써 줬으면 한다는 것이었다. 지역의 작은 복지단체로서는 제법 많은 수고비도 제시했지만 너무 바빴고, 무엇보다 대충 이야기를 들어 보니 가능성이 그다지 많지 않은 것 같아 손사래를 쳤지만 결국 쓰게 되었다. (부탁한 이가 초등학교 동창생이었다.)

사연은 이랬다. 지역에서 창업한 작은 건설회사가 있었다. 사장님과 사모님이 봉사활동에 관심이 많은 편이여서 해당 복지단체에 도움도 많이 주었고, 사모님은 오랫동안 직접 자원봉사 활동도 같이 한 사이였다. 그런데 이 작은 건설회사가 큰일을 낸 것이다. 착실하게 성장하여 하나 둘 계열사를 늘려 나가더니 전국구인 대형 건설회사를 인수해 버린 것이다. (나중에 보니 업계에서도 꽤 큰 사건이었다.) 거의 15년 넘게 인연을 맺어 온 기업이 잘되는 일을 자신들의 일인 양 기뻐하면서도 이번 기회에 좀더 크게 의미 있는 공익 사업을 같이 해 보고자 하는 욕심도 생겼기에 제안을 넣어 보기로 한 것이었다.

하지만 이미 재벌급 회사가 된 기업은 사회공헌 활동에 대한 의사결정 구조부터 달라져 있었다. 이전에는 지역에 있는 사무실로 그냥 편하게 찾아가 부탁하면 담당자가 검토해서 사장에게 보고 후 결정되었다면, 이제는 지역에 있는 본사에서 1차 검토를 완료한 후에 통과되면 2차로 8개 계열사 임원회의에 상정하고, 회의에서 제안자가 직접 발표한 내용을 보고 결정하는 방식으로 체계가 바뀐 것이다. 기존의 인맥과 관계만으로는 뚫기 어려운 장벽이 생긴 것이다. 제안자인 친구 입장에서는 단체의 소개와 사업의 내용까지는 어찌 잘 설명할 수 있겠는데 요청하는 기부금 액수가 상당하고, 인연이 있는 대표자의 얼굴을 봐서라도 꽤 잘 써야 한다고 생각을 했던 것이다.

제안하는 내용은 저소득층 노인을 위한 밥차와 빨래차였다. 알고 보니 그 복지단체는 10년 넘게 지역에서 밥차 봉사활동을 운영하고 있었고, 첫 번째 밥차도 그 건설회사에서 사 준 것이었다. 단체는 밥차 사업의 안정적인 운영비와 함께 이동식 빨래차 서비스를 새로 시작하고자 했다.

처음 이 이야기를 듣고 조금 어렵겠다 싶은 마음이 들었다. 파트너십 관계가 아무리 오래되고 신뢰가 굳건하다고 해도 그때는 그냥 사장 내외의 개인적인 기부 성격이 강했고, 지금은 기업이 전략적으로 판단하는 단계에 이른 것 같은데 '건설회사와 밥차', '건설 및 에너지 그룹사와 빨래차'의 조합은 아무리 생각해도 설득의 구석이 전혀 없는 듯 했다. (다른 계열사들은 리조트와 에너지 회사였다.) 또한 이미 전국구 회사인데 꽤 큰돈을, 관계가 있는 특정 지역에만 쓴다는 것은 내부적인 알력 지형에서 눈치가 보이는 행위일 것 같았다. (나중에 회사 내 분위기를 살필 때 들은 얘기다.)

어찌되었든 친구의 강압(?)에 못 이겨 제안서 작업을 하기로 하고 가장 먼저 제안 콘셉트를 발굴하기 위한 조사가 시작되었다. 8개 계열사의 홈페이지를 전부 살펴보고, 지역 본사의 총무부장을 통해 제안 프로세스 관련한 사안을 탐색하고, 건설회사의 경영전략과 지역사회 평판 등을 조사했으며, 밥차와 빨래차 사업에 대한 자료를 뒤적였다. 복지 관련 통계와 지자체 및 정부의 관련 정책도 살폈다. 차량의 광고 효과를 알기 위해 차량 랩핑광고 업체 4곳에 전화를 해서 단가를 조사하기도 하였다. 또한 요청 단체의 사업과 연혁 등의 자료를 분석하여 특징과 장점을 발굴했다.

조사한 자료만 1천여 페이지 분량이었다. 관련하여 읽은 논문이 8편,

연구보고서가 7편이었고, 관련 기사와 홈페이지 검색은 수십 건이었다. 읽고 또 읽으면서 '전국구' '건설' 회사가 '지역' 작은 복지단체의 '밥과 빨래 사업'에 관심을 가져야 하는 이유를 찾아내려고 했다. 아이디어가 떠오르면 정리해서 쓰고, 친구와 통화하여 평가 점검하고, 새로운 콘셉트가 떠오르면 다시 그 부분에 대한 조사를 시작하고. 10여 일을 그렇게 보냈다. (하필 바쁜 날들이어서 저녁 시간과 주말에만 일할 수밖에 없었는데, 인터넷은 정말 축복이다.)

"배운 적도 없는 데 어떻게 그렇게 전자제품을 잘 고치냐"라고 누가 물으니 "가만히 바라보고 있으면 그놈(제품)이 나에게 말을 걸어 어디가 아픈지 알려 준다"고 하는 전자제품 수리 달인의 일화처럼, 자료를 읽고 또 읽다 보면 번뜩번뜩 콘셉트들이 떠오른다. 물론 모든 콘셉트가 다 채택되는 것도 아니고, 채택된 콘셉트가 다 제안서에 담기지는 않지만 콘셉트가 떠오를 때마다 유레카의 기쁨을 알 수 있다.

콘셉트를 발굴하고, 그것을 평가한 후 제안의 대략적 맥락을 잡으니 불안감이 좀 덜어졌다. 해 볼 만하겠다 싶은 마음이 들었다. 총 여섯 번의 조정을 거치면서 제안서는 ver 1.0 ~ ver 7.0까지 작성되었고, 최종본을 단체에 이메일로 보내면서 제안서 작성 작업은 마무리 되었다. 프레젠테이션은 친구가 하기로 했다.

정리된 제안 콘셉트

팩트/욕구	제안 콘셉트	메시지/제안 내용
건설업, 에너지업 등 인허가가 많이 필요한 사업으로 관청과의 관계가 중요함	지자체장, 정치인, 정부관계자 등이 좋아할 만한 사회공헌 활동	• 밥과 빨래 등의 기초 복지 서비스는 국민들이 가장 선호하는 사회공헌 활동이다. • 가시적인 활동이기 때문에 정치인의 참여가 많다.
아파트 건설 및 대중 홍보를 하고 있음	이동형 차량이 갖는 홍보 효과	• 어차피 아파트 홍보를 위해서 트럭을 빌려 홍보 활동을 한다. • 연간 홍보 트럭 1대 운영비용이 ○○원인데 사회공헌 활동으로 이동형 차량을 기부하면 차량에 일부 홍보를 실을 수 있고, 이는 홍보 효과와 사회공헌 효과(기업 이미지)와 기부금 혜택이 있어 1석 3조이다.
단체와 장기간의 파트너십 경력이 있음	인연과 보답	• 오랜 시간 함께했는데 당신들이 큰 기업이 되니 우리들도 참 기쁘다. 우리가 그동안 받은 것이 많은데 이럴 때 축하의 선물이라도 드리고 싶다. • 작은 복지단체이고, 비영리 법인이기에 다른 것을 할 수는 없고, 우리의 강점인 사회공헌 관련 컨설팅을 제공하겠다.
전략적 사회공헌 활동에 대한 관심	전문적인 컨설팅 제공	• 최고의 전문가와 함께 8개 계열사 전체의 사회공헌 활동을 조사, 분석하여 더 나은 전략적 사회공헌 활동 방안을 보고드리겠다.
꽤 많은 사회공헌 활동을 하고 있지만 연탄봉사 등 사회 복지에 치우쳐 있음	활동에 대한 칭찬 및 추가 제안	• 잘하고 계신다. 기업 입장에서 매우 전략적으로 맞는 방향이다. '기초 복지'와 '지역성'은 건설업에 딱 맞는 사회 공헌 방향성이다. 그러니 조금 더 해 보자.

1
—
표지

행복한 미래를 건설하는 기업, ㈜○○, ㈜△△ 가족에게 드리는
'공동가치창출' 협력 제안서
2015.3

사단법인 자비신행회

2
—
도입부

15년 간의 신뢰 파트너쉽

우선, 감사 인사를 드립니다.
그 동안 도와주셔서 여기까지 왔습니다.

1999년, ○○ 가족 분들의 이웃에 대한 情으로
시작된 나눔과 봉사의 긴 감동 스토리.

여러분들의 고마운 후원으로 행복해진 많은 이들의
칭송이 바르게 전달되었기를 바랍니다.

- 제목을 '후원 요청서'가 아닌 '협력 제안서'라고 한 이유는 향후 제안을 풀어가는 배열을 ① 기업과 단체의 인연 환기, ② 기업의 사회 공헌에 대한 컨설팅 결과 발표, ③ 기업의 전략적 사회공헌 아이템(밥차, 빨래차) 제안 순으로 잡았기 때문임.
- 도입부에서는 우선 그간의 관계를 강조하고, 지금까지의 지원에 감사하는 내용을 배치함으로써 사업의 연속성에 대한 필요성을 은연중에 말하고자 함.

- 인연의 강조는 혹시 단체와 본사의 관계를 모르고 있을 임원들의 주의를 환기시켜 긍정적으로 작용하도록 설계한 것임.
- 꽃을 통한 분위기 완화, 단체와의 인연 강조, 그리고 지금까지의 지원에 대한 감사가 도입부의 테마로, 감성적으로 제안을 시작하기 위한 장치임.

4
—
콘셉트 제시

한 발 더 나아가는 파트너십. 새로운 인연을 위하여
사회 공헌 활동
가치 창출 파트너십 제안

5
—
기부자 분석

팔목할만한 성장을 이룩해온
㈜○○, ㈜△△의 사회공헌 살펴보기

- 전문가에게 의뢰해 기업의 사회공헌 컨설팅을 제공한 형식으로 진행함.
- 오랜 시간 함께한 기업의 성공을 축하하는 의미로 '비영리 법인의 장점을 살려 해당 기업의 사회공헌 활동을 조사 · 평가하여 보다 나은 방향으로 나아갈 수 있도록 한다'는 구성을 만듦.
- 받는 입장이 아닌 주는 입장에서 제안을 시작하기 위함임.

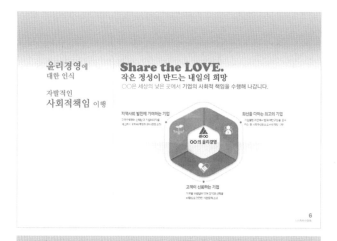

- 기업의 윤리경영과 사회공헌 등에 대한 개념과 활동을 언급하고 먼저 칭찬하는 것으로 시작함.
- 컨설팅이라 하면 기존 내용에 대한 비판이 있을 것으로 보고 자칫 긴장하는 경우가 있는데 이 제안서의 목적은 그들의 마음을 얻는 것이므로 전체적 분위기를 칭찬과 격려로 잡음.

8
—
기부자 분석

9
—
**기부자 분석 및
콘셉트 제시**

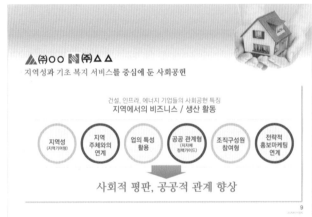

- 주요 계열사의 사회공헌 활동을 구체적으로 정리하여 실제 어떤 것이 진행되고 있는지를 보여 줌.
- 기존 사회공헌 활동의 주요 방향성이 '지역성과 기초 복지'였다는 프레임을 만들고 이것이 기업의 업(業, 건설 및 에너지)의 특성 및 최신 사회공헌 트렌드와 연관되어 있음을 거론하여 향후 제안할 '지역단체의 기초 복지 서비스' 내용과 연결을 꾀함.

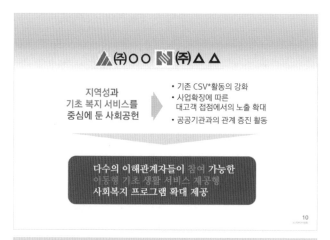

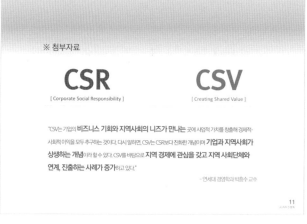

- 기업의 현재 사회공헌 활동이 '지역성과 기초 복지 서비스'에 중심을 두고 있으며, 이는 매우 전략적 선택이었다는 칭찬으로 구성함. 이 부분은 사회공헌 담당 임원의 전폭적인 지지를 이끌어 내기 위한 장치이기도 함.
- 결국 이 전략적 선택을 더욱 확대시키는 것이 바람직하다는 논리를 폄.

12
—
콘셉트 제시

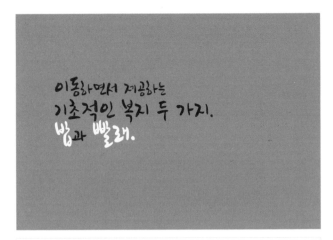

13
—
콘셉트 제시

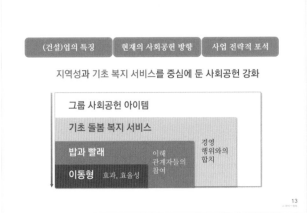

- '밥과 빨래'라는 제안 내용을 설명하기에 앞서 왜 밥과 빨래라는 아이템을 대상 기업이 선택해야 하는지에 대한 설득 작업을 하는 순서임.
- 기업의 사회공헌 활동 평가를 일목요연하게 다시 한 번 제시하면서 '밥과 빨래'가 전략적 사회공헌 활동에 합당한 프로그램이라는 점을 개괄적으로 설명함.

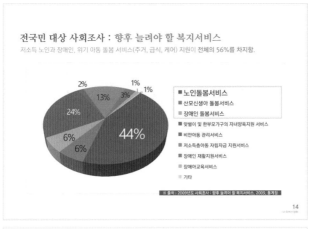

- 밥과 빨래 사업을 해야 하는 이유를 조목조목 들기 시작함.
- 일반 시민들이 관심 가지고 박수 치는 사회공헌 사업은 바로 밥과 빨래 같은 기초 복지 서비스임을 설득하고 있음.
- 아파트 건설회사는 고객일 수 있는 다수의 일반 국민들이 선호하는 사업을 하는 것이 유리하다는 논리를 전개.

16
—
기부자 이익 제시

17
—
콘셉트 제시

- 건설업이라는 특성상 인허가 관청이나 정치인들과의 관계가 중요하니 그들이 선호하는 사업(눈에 보이고, 사진 찍기 좋은 사업)을 하는 것이 좋다는 논리를 전개.
- 밥과 빨래를 선택했다면 그다음은 '이동형'에 대한 장점을 설득해야 함. 이동형 복지 사업이 가지는 장점을 종합적으로 보여 줌(개괄표).

- 이동형 사업의 주요 장점으로 언론 매체의 높은 주목도를 듦.
- 밥차와 빨래차 등 이동형 복지 사업의 경우 군소 매체(〈복지 TV〉, 인터넷 언론 등)에서 더 많이 다뤘지만 대상자(임원)를 고려하여 〈중앙일보〉와 〈조선일보〉, 공중파 방송 매체의 기사를 언급.

20
—
기부자 이익 제시

21
—
기부자 이익 제시

- 이동형 차량을 이용한 기업 홍보 효과를 어필함. 차량 랩핑광고를 하고 있는 아파트 건설 기업이기에 1석 2조의 효과가 있음을 강조하였음. (들어가는 비용을 대비시켜 보다 극적으로 표현하고자 하였으나 단가 조사에서 불리한 내용이 나와서 두리뭉실하게 작성.)
- 기업에게 제안할 때 해외 사례를 거론하는 것이 유리할 때가 많음. 유사한 이동형 차량을 이용한 사회공헌 활동 사업을 소개함.

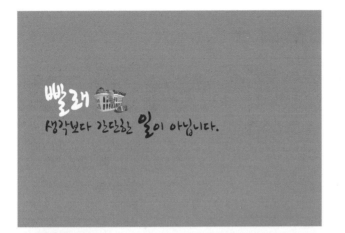

- 이제야 빨래차 사업과 밥차 사업에 대한 이야기를 시작함.
- 기본적으로 BAI 구조(사업 배경 - 활동 - 변화)를 이용함. 제안서에는 표현하지 못했지만 사업 자체가 노인들을 대상으로 하기에 발표(프레젠테이션) 때는 감성적 스토리텔링을 준비하여 해 보기로 구상함.

24
—
사업 소개:
사업 활동 설명

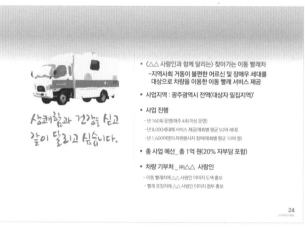

25
—
사업 소개:
사업 효과 설명

- BAI 구조에 맞춰서 (인도적으로) 왜 이 사업을 하는지, 무엇을 할 것인지, 어떻게 할 것인지, 하면 어떤 공익적 변화가 생길 것인지를 간략하게 소개함.
- 사실 빨래차, 밥차 사업은 구구절절한 이야기로 사업을 소개할 필요가 없는 단순한 내용이므로, 일반인들이 잘 모르고 간과할 수 있는 정보들 위주로 관심을 유발하는 방향으로만 작성함.

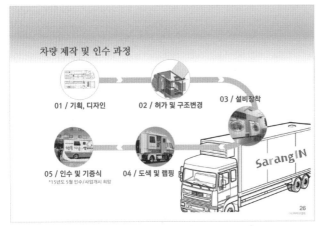

26
—
사업 소개:
사업 활동 설명
(보충)

27
—
기부자 이익 제시

- 제안서의 품질을 위해서 일부러 공력이 들어간 사진과 일러스트를 삽입함.
- 기부자 이익이라고 할 수 있는 홍보 효과가 어떻게 가능한지 보여 주기 위해 차량의 겉모습을 디자인하여 보여 주었고, 기증식 등의 사진을 제시하여 향후 홍보가 어떻게 이뤄질 수 있는지를 유추할 수 있게 함.

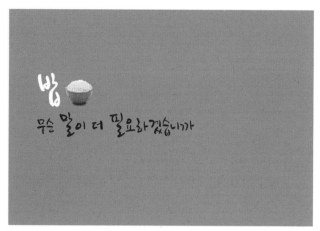

- 밥차의 경우는 이미 기증된 차량을 운행한 성과가 있으니 그 부분을 강조하고, 이 사업이 더욱 개선되고 발전하기 위해서는 안정적 자금이 필요함을 설득함.
- 좋은 수혜자 사례가 있었다면 감동적인 스토리텔링을 할 수 있었겠지만 윤리적인 문제와 마땅한 사례의 부족으로 시행치 못함.

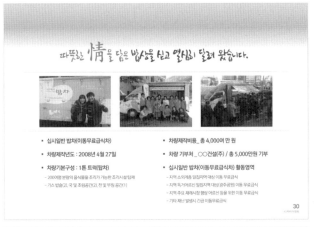

- 밥차 사업 역시 복잡한 사업은 아니라서 설명이 길 필요는 없지만 그간 진행해 온 사업의 성과가 바로 해당 기업 덕택이었다는 것을 강조하기 위해 여러 가지 관점에서 사업을 소개함.
- 빨래차 사업 소개와 마찬가지로, 밥차 사업에서 궁금해할 수 있는 항목들을 먼저 언급하는 방식으로 작성함.

32

—

사업 소개:
사업 효과 설명

33

—

사업 소개:
사업 배경 설명
(필요성 보충)

- 밥차의 경우는 비용이 부족해 충분히 운영되지 못하고 있다는 점을 부각함.
- 특히 엄청난 성과 내용과 인접하게 제시하여 '성과를 많이 낸 사업인데 운영비용이 없어서 더 못하고 있다'라는 의미를 전달하고자 함.

- 단체 소개에도 콘셉트가 존재함. 제안서의 맥락상 단체는 이동형 서비스에 전문성이 있고, 진정성을 가지고 있으며, 투명성을 갖춘 신뢰할 수 있는 단체여야 함.
- 제대로 된 사업을 하기 위해서는 파트너가 중요하다는 점을 강조하며 운을 띄운 후 우리가 바로 그런 단체임을 강조함.

- 간략한 단체 개요와 더불어 네 개의 핵심 특성으로 단체를 소개함.
- 단체의 소개는 전체 개요 한 장과 주요한 핵심 특징 네 장으로 구성하였음.
- 전체 개요에는 임원들이 궁금해할 만한 내용만 간략히 적음.
- 핵심 특징은 각 특성의 구체적인 결과와 기부 기업이 그 특성으로 받을 수 있는 가치를 같이 싣고자 함.
- 첫 번째 핵심 특성은 '진정성'임. 오랜 시간 동안 좋은 일을 현장에서, 맨 앞에서 펼치는 단체라는 점을 강조하여 신뢰감을 가지도록 함.

전문성과 현장성

이동형 재가 서비스를 15년간 쉬지 않고 운영해 본 경험
눈을 감고도 지역 골목길까지 그릴 수 있는 현장 전문가
수혜자들 옆에서 늘 그들과 소통하는 복지인들이 있습니다.

*현장을 가장 잘 아는 지역 출신 자원봉사자들로 구성

38

진정성과 초심

편한 길을 마다하고 스스로 어떻게든 해보려는 단체
국가 보조금을 받지 않는 순수 민간 자원봉사 단체
쓸데없는 행정 처리에 시간과 돈을 낭비하지 않아 제대로 일하는 데 전념합니다.

*지역사회에서 자발적 회원기부와 외부 성금으로만 운영되는 대표적 모범 사례(무등일보, 2012.7)

39

- 두 번째 핵심 특성으로 '이동형 기초 복지 서비스'에 대한 전문성을 강조함.
- 세 번째 핵심 특성은 단체가 국가 보조금을 받지 않는다는 점에서 착안하였는데 이 특성을 '기부금을 행정비용으로 낭비하지 않는다'라는 기부자 이익으로 연결하여 작성함.

40

—

단체 소개

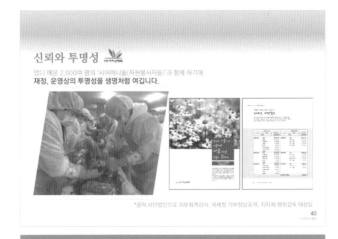

41

—

요청사항 제시

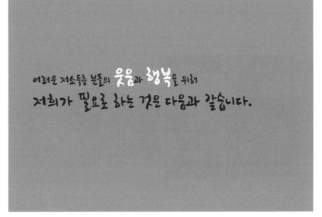

- 네 번째 핵심 특성은 단체의 신뢰도와 연관되는 투명성에 대한 이야기를 씀. 특
히 매우 열성적인 자원봉사자들이 많다는 특징과 연결하여 '제대로 돈 쓰게 하는
엄한 시어머니'라는 콘셉트를 만들어 냄.

1. 이동 빨래 서비스 차량(일시후원)

최선을 다해 아끼고 아껴서 사용하겠습니다. 감사합니다.

총 사업비	100,000,000원	
자체 충당 자금	20,000,000원	인건비, 인력 운용비 등
요청 금액	80,000,000원	

차량구입비	35,000천원	2.5톤 트럭 기준(VAT, 취득세 포함)
차량구조변경 및 빨래차 기능 탑차 시설비 등	45,000천원	*구조변경 및 설비(인쇄기 포함) *공업용 세탁기 2대, 건조기 1대 *전기 및 수도 배관 시설 등 *차량 도색비/랩핑 등
차량 취등록비 등	3,500천원	*제세 공과금
빨래차 운영용품비	3,000천원	*1년분 세제 구입비 *세탁물 포장용지비 등
빨래차 운영비	13,500천원	*회당 10만원 내외 (주유비, 전기료, 수도세 등)

42

2. 밥차, 쉼터 서비스 제공 경비(정기후원)

최선을 다해 아끼고 아껴서 사용하겠습니다. 감사합니다.

총 사업비	월 11,000,000원	
자체 충당 자금	월 3,000,000원	인건비, 인력 운용비, 차량관리 등
요청 금액	월 8,000,000원	

행복한 쉼터 저소득 어르신 식사 제공비(쌀 구입비)	월2,500천원	*이용 어르신 현재 100명에서 200명으로 확대 *주 5회 운영 : 월 평균 주식비(쌀) 20kg 50포대
상동(부식비)	월2,500천원	*월 평균 부식비(육류, 채소류, 반찬류 등) *주5회 운영 : 회당 50만원 소요
십시일반 밥차 음식재료비	월3,000천원	*월 4회 운영에서 10회 운영으로 120% 증가 *회당 평균 주부식비 30만 원(200명 기준)

43

- 요청하는 내용을 적음. 두 개 사업을 동시에 표현할 경우 너무 금액이 커 보여서 일부러 두 장으로 구분함.
- 예산 내역을 적어서 구체성을 높였고, 예산 내역 중 확실한 가격이 공개된 경우(차량 가격 등)는 낮게, 다른 부분은 좀더 높게 써서 비용에 대한 논란이 생기지 않게 함.
- '자체 충당 자금', 즉 자부담 항목을 설정하여 기업 입장에서 저항감을 가진 인건비 항목을 미리 삭제함.

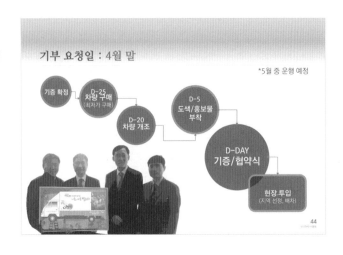

- (여덟 개 계열사가 합의하는 구조이므로) 자칫 내부적으로 '핑퐁'하다가 무산되는 경우가 많기 때문에 기부 요청일을 명시해 무언의 압박을 하려고 함.

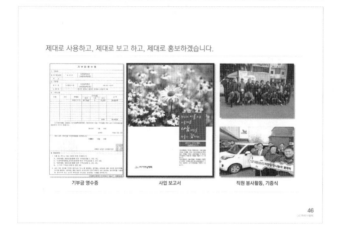

저희가 해드릴 수 있는 건 적습니다.
하지만 최선을 다해 기부한 보람을
느끼게 해드리겠습니다.

제대로 사용하고, 제대로 보고 하고, 제대로 홍보하겠습니다.

기부금 영수증   사업 보고서   직원 봉사활동, 기증식

46

- 마무리는 감성적인 터치를 시도함.
- 기부에 대한 예우를 소개하면서, 가시적인 것도 있지만 기부해 준 기업에 진정한 감사의 마음과 공익 사업을 잘 진행하겠다는 다짐을 표현함으로써 '돈'이 아닌 '사람', '사업'이 아닌 '자선'이 떠오를 수 있도록 갈무리함.

47
—
마무리

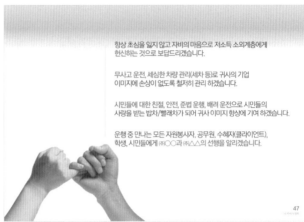

항상 초심을 잃지 않고 자비의 마음으로 저소득 소외계층에게
헌신하는 것으로 보답드리겠습니다.

무사고 운전, 세심한 차량 관리(세차 등)로 귀사의 기업
이미지에 손상이 없도록 철저히 관리 하겠습니다.

시민들에 대한 친절, 안전, 준법 운행, 배려 운전으로 시민들의
사랑을 받는 밥차/빨래차가 되어 귀사 이미지 향상에 기여 하겠습니다.

운행 중 만나는 모든 자원봉사자, 공무원, 수혜자(클라이언트),
학생, 시민들에게 ㈜○○과 ㈜△△의 선행을 알리겠습니다.

48
—
마무리

㈜○○, ㈜△△이 만들어 갈 행복을 기대하며
저희 역시 열심히 하겠습니다.
참, 고맙습니다.
(사)자비산행회 임직원, 자원봉사자 일동

- 마찬가지로 감성적인 느낌으로 마무리를 이어 감.
- 마지막으로 기업의 기부금을 대하는 단체의 태도와 마음가짐을 밝히고, 무엇보다 기업의 기부 활동에 대한 감사 표시를 적극적으로 하겠다는 의지도 내보임.
- 마무리 장표에서는 훈훈하게 끝날 수 있도록 웃는 사진을 채택함.

여러 사정 때문에 직접 제안하는 장소에 갈 수는 없었지만 제안서가 완성된 후 친구를 만나 프레젠테이션 요령과 제안 현장 대응법 등을 상세히 알려 주고, 시뮬레이션도 몇 번 했다. (발표를 하다가 수혜자 얘기할 때 목멘 제스처도 해 봐라, 가능하다면 그 자리에서 울어 보라고 했지만 친구는 그러지 않았다.) 결국 1차, 2차 제안 프레젠테이션을 거쳐 최종 통과되었다고 연락이 왔다. 짧은 시간 밀도 있게 고생한 보람이 있었던 작업이었다.

리플릿형 제안서

많은 단체에서 활용하는 제안서는 바로 리플릿leaflet이다. 가장 흔하게 쓰지만 잘 만들기는 쉽지 않다. 사실 리플릿을 제안서로 볼 것인가에 대해서는 이견이 있을 수 있으나, 어찌 되었든 이것도 제안의 현장에서 쓰이며 제안의 내용을 담고 있는 문서이니 제안서로 볼 수 있겠다.

리플릿은 한 장의 종이에 앞뒤로 내용을 적은 문서이고, 접히는 횟수에 따라 2면, 4면, 6면, 8면이 일반적이다. 단체들의 리플릿을 보면 몇 가지 아쉬운 점이 있어 정리해 본다.

▍ 대상자를 특정하지 않는다

그러다 보니 4~50대 주부가 모금의 주요 대상인 것이 분명한데, 잘 보이지 않는 깨알 같은 글씨로 전문용어를 써 가며 매우 많은 정보를 담은 리플릿을 만든다. 심지어는 후원하는 기부자와 이용료를 내는 시설 이용자가 볼 내용을 동시에 적은 리플릿도 있다.

▌쓰이는 상황을 고려하지 않는다

어떤 상황에서 어떻게 사용되어 어떤 효과를 낼지 예측하여 작성해야 한다. 직접 가지고 가 펼쳐 놓고 설명하는 용도로 작성된 리플릿과 길거리에서 지나가는 사람들에게 무작위로 나눠 주는 리플릿은 그 형태와 내용이 달라야 한다. 모금가 휴대용으로 사용하려면 스토리텔링이 중요하다. 설명의 보조 도구이므로 기억을 환기시키는 정보나 대상자에게 보여 줄 수 있는 자료 등이 적혀 있으면 유용하다. 배포용 리플릿은 버리지 않고 가지

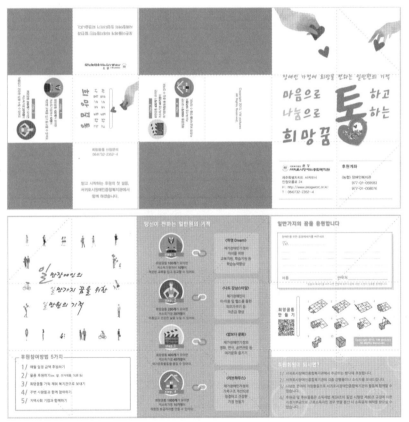

점선을 따라 접으면 저금통이 될 수 있도록 디자인한 모금 리플릿.
자료: 서귀포장애인복지관.

고 가서 읽게 하는 것이 중요하다. 그러기 위해서는 흥미 있는 시각적 자료나 참여형 콘텐츠를 앞세워야 한다. 리플릿 종이를 저금통으로 사용할수 있도록 만드는 등 일상생활에서 활용할 수 있게 하는 아이디어를 추가하기도 한다.

▌ 내용이 소개서에 가깝다

단체와 사업에 대해 구구절절 소개한다. 앞에서 얘기했듯 설득문과 설명문(소개문)은 조금 다르다. 설사 설명 위주의 소개서라고 하더라도 '모금'이라는 목적을 가지고 얘기할 때에는 상대방이 관심을 가질 만한 내용을 강조하고, 요점을 크게 부각해야 한다.

▌ 미사여구의 향연이다

온통 아름다운 글귀가 반복되는 리플릿을 보면 향기 없는 꽃밭에 온 듯한기분을 받는다. 정작 이 사업이 왜 필요하고 얼마나 중요한 일인지, 그리고 우리 단체가 왜 이 사업을 하는지에 대한 이야기는 없고, 아름다운 세상을 만들기 위해 아름다운 노력을 하고 있다는, 붕 뜬 이야기만 반복적으로 나열하는 리플릿이 많다. 이런 리플릿을 읽는 사람들은 반드시 이렇게 묻는다. "그래서 뭘 하겠다는 거죠?"

▌ 목적이 불분명하다

리플릿을 읽고 추가 온라인 검색을 하게 할 것인지, 문의 전화를 하게 할것인지, 당장 후원 신청서를 쓰게 할 것인지, 유발하려고 하는 행동을 구체적으로 정한 후 작성한다면 그 내용이 사뭇 달라질 수 있다.

노인복지관 후원 제안서:
밀알노인요양원 '행복한 기억 저장소 만들기 프로젝트' 리플릿

비록 작은 크기의 리플릿형 제안서도 다르게 생각하면 매우 효과적인 메시지를 담을 수 있다. 이 사례는 지역의 복지관에서 작성한 리플릿을 홍보 전문가인 이종욱 대표가 코칭하여 개선 변경한 것이다. 기존의 일반적인 내용에 아이디어를 더하니 아주 멋지고 매력적인 제안서가 되었다.

리플릿을 펼쳤을 때 앞면(위)과 뒷면(아래).

- 모금 프로젝트의 이름을 '치매노인 지원 사업'이라는 직접적 표현이 아닌 '행복한 기억 저장소 만들기'라고 한 점은 일종의 제작 콘셉트(creative concept)를 잡은 것이라 볼 수 있음. 이후 '기억'이라는 콘셉트로 전체적인 흐름과 내용을 일관되게 가져감.
- 기억이라는 콘셉트 중심으로 전개되므로 '후원회원 신청'을 '기억 보호자 되기'로 바꾸고, '기부금액'을 '당신이 보호해 주고 싶은 기억'으로 바꿈. 스토리 라인을 넣음으로써 훨씬 부드러운 요청으로 비침.

한국인 평균 6점

당신의 오늘 치매 점수는?	아니다 (0점)	가끔 (1점)	자주 (2점)
01. 오늘이 몇 월이고, 무슨 요일인지 잘 모른다.			
02. 자기가 놔둔 물건을 찾지 못한다.			
03. 같은 질문을 반복해서 한다.			
04. 약속을 하고서 잊어버린다.			
05. 물건을 가지러 갔다가 잊어버리고 그냥 온다.			
06. 물건이나 사람의 이름을 대기가 힘들어 머뭇거린다.			
07. 대화 중 내용이 이해되지 않아 반복해서 물어본다.			
08. 길을 잃거나 헤맨 적이 있다.			
09. 예전에 비해서 계산능력이 떨어졌다. (물건 값이나 거스름돈 계산을 못한다.)			
10. 예전에 비해 성격이 변했다.			
11. 이전에 잘 다루던 기구의 사용이 서툴러졌다. (세탁기, 전기밥솥, 경운기 등)			
12. 예전에 비해 방이나 집안의 정리정돈을 하지 못한다.			
13. 상황에 맞게 스스로 옷을 선택하여 입지 못한다.			
14. 혼자 대중교통 수단을 이용하여 목적지에 가기 힘들다.			
15. 내복이나 옷이 더러워져도 갈아입지 않으려고 한다.			

※ 7점 이상이면 치매를 의심할 수 있음   출처 : 한국치매협회

일시후원

기업은행 382-046358-01-031
예금주 | 밀알노인요양공동생활가정

🐢 밀알노인요양원

59654 전남 여수시 소라면 중촌1길 11-96
TEL 061)691-9877 | FAX 061)691-9879

알고 계시나요?

기억이 지워지는 72만명의 사람들 !!

< 65세 이상 한국 노인의 치매 유병률 및 치매 환자수 추이 >

사랑하는 이의 얼굴도, 내가 서 있는 자리도, 기쁨과 슬픔도 깨닫지 못한 채 먼 옛날 아픈 기억 속에 사로잡혀 헤매는 당신의 이웃이 여기 있습니다.

우리나라는 매년 65세 이상의 노령 인구가 늘고 있어 현재는 전체 인구의 12%를 넘으며, 이중 치매환자는 72만명으로 전체 노인의 10.2%를 차지하고 있으며 노인 10명 중 1명 이상이 치매를 앓고 있는 것으로 조사되었습니다.

노인성 질환은 꾸준한 보호와 치료를 통해 빠른 진행을 막고 관리에 신경을 쓴다면 여생을 비교적 건강하게 보낼 수 있습니다.

- 치매 점수표를 넣어 사람들에게 한번 체크해 보라고 한 방안은 말을 꺼내기 위한 좋은 시도임.
- 본문 격인 페이지의 세 개면은 각각 치매 노인 실태와 그 고통을 설명하고 있으며, 이 고통을 해소하기 위한 복지관의 활동, 그리고 이 활동에 대한 참여를 요청함.
- 그래프를 사용한 점과 구체적인 수치들이 언급된 점을 눈여겨보아야 함.

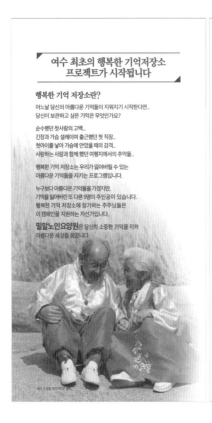

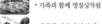

- 사업의 소개는 많은 내용을 담지 않았지만 앞서 말한 '모금 상품' 식으로 구성되어 있음. 기부자들이 자신이 선호하는 사업(밥 한 그릇, 생신 파티, 문화예술 프로그램 등)을 선택할 수 있도록 구성함.
- 단체의 소개에 '비전'을 보여 줌으로써 보다 매력적인 느낌을 가질 수 있도록 함.

식당 공익 사업 후원 제안서:
'피프틴' 리플릿

다음 사례는 영국의 식당 '피프틴Fifteen'의 모금 제안서이다. 피프틴은 거리의 청소년을 요리사로 육성하는 사회적기업으로 유기농 무상급식 정책이 시행되도록 이끈 천재 요리사 제이미 올리버Jamie Oliver가 세운 단체이다. 소개할 제안서는 한 장(총 4면) 짜리인데, 그 크기가 손바닥 반만 할 정도로 매우 작다. 식당에서 식사를 한 고객에게 청구서와 함께 제공하는 것이기 때문이다.

제이미 올리버의 모습(위)과 식당 '피프틴' 전경(아래).
자료: 피프틴.

- 거리의 청소년을 요리사로 키워 내는 사업에 대한 간단한 소개와 1파운드의 기부금이 식사 가격에 포함되어 있음을 알리는 내용이 전부임.
- 식사비 청구서와 같이 제공되는 제안서라는 특성상 내용이 많지 않음.
- 내용은 간결하지만 비교 사진을 통해 그 사업이 만들고자 하는 변화를 시각적으로 보여 줌.
- '계산서에는 1파운드의 자발적 기부금이 포함되어 있습니다 A voluntary donation of £1 has been added to your bill'라고 적혀 있음. 즉, 기부금을 미리 음식 가격에 포함시킨 후 원치 않으면 제외시켜 준다는 '옵트 아웃opt out' 방식 *을 이용한 전략을 채택함.
- 다른 후원으로 이어질 수 있는 정보를 제공함.

- '옵트 아웃'(opt out) 이란 선택하지 않겠다는 의사를 표하지 않는 이상 자동으로 설정되는 방식을 말한다. 정반대의 방식인 '옵트 인'(opt in) 은 꼭 선택해야만 설정되는 방식이다. 예를 들어 장기 기증 동의서에 갱신 동의를 해야만 자동연장 동의가 되는 방식이 '옵트 인' 방식이고, 특별히 반대하지 않으면 자동연장 동의되는 방식이 '옵트 아웃' 방식이다.

기타 형식 제안서

스토리텔링 제안서:
장기 기증 스토리텔링 제안서

다음에 소개하는 제안서는 장기 기증에 대한 제안서이다. 불특정 다수에게 쓸 수 있는 것으로 그 형태나 내용 측면에서 아이디어가 매우 뛰어난 작품이다. 지금은 많이 없어진 추억 속의 물건이지만 한때 유행한 핸드폰 고리 형태로 만들어 휴대하고 다니다가 대상자를 만나면 바로 제안을 시작할 수 있도록 했다는 점이 흥미롭고, 그 내용 구성도 제법 탄탄하다. 바로 사업 설명으로 들어가지 않고 공감을 불러일으키는 질문형 도입부를 두어 참여를 유도하는 기법과 자연스럽게 장기 기증에 대한 당위성을 설명할 수 있는 본론, 그리고 행동에 나서게 하는 설명까지 잘 짠 각본이 돋보이는 수작이다.

물론 이 책자가 제안의 전부는 아니고, 이 작은 도구가 제안서의 기능을 온전히 한다고 보기는 어렵다. 그래서 장기 기증에 대한 소개 자료와 장기 기증 서약서가 함께 세트로 구성된다. 이 작은 제안서는 제안 초기에 대상자의 시선을 끌어 관심을 가지게 하는 용도로 사용된다. 작지만 이것 역시 제안서의 일부임은 분명하다.

제안자가 각자 자신의 경험과 애드리브를 덧붙여 설명할 수 있겠지만 작성 내용을 충실히 따르는 제안을 한 번 구성해 본다.

"안녕하세요. 저는 사단법인 ○○에서 일하는 ○○○입니다. 조그맣지만 재미있는 얘기가 담긴 이 작은 책자를 봐 주시겠습니까? 앙증 맞죠? 이야기를 시작해 볼까요."

"여러분께서는 길을 가다가 바닥에 10원짜리 몇 개가 떨어져 있으면 어떻게 하시겠어요? 요새는 화폐 가치가 많이 떨어져서 십 원짜리 동전을 줍는 사람은 별로 없을 것입니다. 그만큼 적은 액수의 돈이지요."

"하지만 충분한 의료 지원이 없는 제 3세계에서는 이 돈으로 아이들에게 한 끼 식사를 먹일 수 있는 돈입니다."

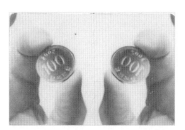

"돈을 조금 올려 볼까요? 100원짜리는 어떠세요? 조금 눈치는 보이지만 역시 큰돈은 아니겠지요?"

"이 적은 돈은 사람을 살릴 수 있는 돈이기도 합니다. 말라리아에 걸린 아이에게 백신 주사를 맞힐 수 있는 금액이니까요."

"꽤 큰 액수인 몇 백만 원은 어떤가요?"

"이 정도 돈이면 아예 수백 명이 사는 마을에 깨끗한 물을 공급할 수 있는 급수시설을 만들어 줄 수 있어요."

"작은 그릇에는 그 크기에 맞는 것을 담고, 큰 그릇에는 그 크기에 맞는 것을 담을 수 있듯,"

"사람도 그렇지요. 많은 것을 가진 사람은 자신이 가진 것으로 사람들을 돕고 세상을 바꿀 수 있고, 유명인은 자신의 유명세를 이용하여 훌륭한 일을 할 수도 있겠지요."

"하지만 부자가 아니어도, 유명 연예인이 아니어도 남을 위해 할 수 있는 일이 있죠. 건강한 몸이 있다면 누구나 할 수 있는 일. 누군가에게 삶의 희망이 되고, 그 가족들에게 비교할 수 없는 기쁨이 되는 일. 바로 헌혈, 그리고 장기 기증입니다."

클리어파일 형태 제안서:
아름다운가게/유니세프 기부보험 약정 제안서

작은 단체에서는 리플릿을 제작하고 인쇄하는 일도 버거울 때가 있다. 예산도 없거니와 그걸 고민해서 만드는 업무 역시 만만치 않다. 별도의 제안서를 만들지 않고 간단히 해결하는 방법이 있다. 보험 컨설턴트들이 클리어파일에 보험 약관이나 보험 신청서 등을 넣어서 가지고 다니다가 한 장한 장 넘기면서 설명하고 거기에서 필요한 것을 꺼내 보여 주기도 하는 것을 보았을 것이다. (요즘에는 거의 태블릿 PC로 바뀌는 추세이다. PC에 저장한 파일들을 다채롭게 보여 주거나 인터넷에 접속하여 홈페이지를 보여 줄 수도 있고, 동영상 재생도 가능하다. 많은 비영리 단체들도 거리 모금 등에서 활용하고 있다.)

이런 형태의 장점은 다양한 정보를 함께 가지고 다니다가 대상자에 맞춰 선택적으로 보여 줄 수 있다는 점이다. 모금이 필요한 여러 사업과 항목들이 있고, 직접 대면해서 모금하는 방식을 택했다면 이런 형태가 매우 유용할 것이다. 또 하나의 장점은 수시로 내용을 변경할 수 있다는 점이다. 클리어파일 속 비닐에 삽입하는 제안서의 낱장은 인쇄를 했을 수도 있지만 일반적으로 즉시즉시 출력한 문서들이다. 즉, 계속되는 제안에서 조금씩 내용을 개선하여 업그레이드된 내용을 가지고 대상자를 만날 수 있다.

이 형태의 제안서를 작성할 때는 정보량이 조금 많아도 되지만, 그렇다고 작은 글씨로 빽빽하게 적은 문서는 제안자가 보여 주면서 설명하기에 적절하지 않을 수 있다. 마치 보고서처럼 핵심 문장과 그림, 그래프, 사진 등을 통해서 가독성을 높일 필요가 있다.

자료: 아름다운가게(좌), 유니세프 한국위원회(우).

- 시중에서 파는 클리어파일에 출력한 제안서를 끼워 넣을 수도 있지만, 단체의 로고 등을 인쇄한 특별 장정본을 별도 제작하여 사용하기도 함.
- 내용은 다양하게 준비할 수 있음. 수혜자 스토리, 단체 소개 자료, 각 사업별 소개 자료, 후원신청서, 감사장 등을 넣을 수 있음.
- 꺼내서 대상자에게 제공할 부분과 아닌 부분을 구분하여야 함.
- 내지 비닐은 가급적 무광으로 선택하는 것이 좋음.

프레스키트 형태 제안서

클리어파일과 유사한 형태의 제안서로서 프레스키트press kit도 활용할 수 있다. 다양한 내용을 낱장으로 만들어서 제안에 활용한다는 점은 비슷하지만 클리어파일에 넣지 않고 하나의 문서 보관 키트에 넣어 두고 꺼내는 형식이 다를 뿐이다. 꺼내서 낱장으로 들고 읽어야 하기 때문에 종이의 두께가 조금 두꺼울 필요가 있다. 일반적으로 제공용으로 준비하는 형태이다.

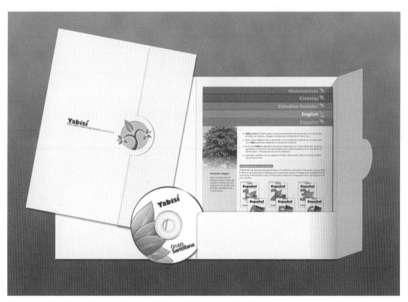

자료: Jose Ramos, Santillana Publishing Group.

부록

☑ 현장 모금 실무자 Q&A
☑ 기업 담당자가 말하는

　　좋은 제안과 좋은 제안서
☑ 모금 업무 서식 목록 및 배포처

현장 모금 실무자 Q&A

모금과 관련해 실무자들이 말하는 가장 큰 고역은 바로 '물어볼 사람이 없다'는 점이다. 단체에 모금을 제대로 배운 사람도 없고, 제대로 진행해 본 경험도 많지 않다 보니 이제 막 모금을 시작한 후배에게 해 줄 말이 별로 없을 수밖에 없다. 이론과 실전 경험을 두루 갖춘 모금가들이 많지 않은 현실에서 제안과 관련한 궁금증을 해소할 수 있는 여러 경로가 만들어졌으면 하는 바람이다. 이 책에서는 그간 모금 실무자를 만나며 들었던 질문 중 비교적 자주 하는 몇 개를 모아 소개해 본다. 당시의 상황이나 단체의 특수성에 기반하여 답한 내용이라서 일반화하기에는 조금 어려운 내용도 있으니, 이를 감안하여 참고하길 바란다.

Q 어느 한 개인에게 제안을 할 때와 달리, 수많은 사람들이 모여 있는 자리에서 제안을 할 때는 어떻게 해야 하나요?

A 많은 사람들 앞에서 얘기하는 것은 참 부담스러운 일입니다. 더욱이 그들에게 돈을 달라 해야 한다면 더더욱 스트레스 받는 일이지요. 하지만 모금가들 중에는 일대다1:多로 요청하는 것이 더 편하다고 하는 사람도 있습니다. 아무래도 일대일1:1일 때 느끼는 개인적 부담이 희석되는 느낌을 받기 때문입니다. 경험상 일대다 상황일 때는 준비가 더 많이 필요합니다. 그리고 분위기를 몰아가는 역량도 있어야 하지요. 제가 보기에는 이런 것을 가장 잘할 수 있는 사람이 개그맨입니다. 울렸다 웃겼다 해 무장해제 시킨 후, 분위기를 잡고 후원해 달라고 하면 사람들은 홀린 듯 돈을 냅니다. 종교인도 그렇습니다. 그래서 일대다의 모금 방법을 배우려면 개그 토크 콘서트와 종교 집회를 자주 가 보라고 합니다.

많은 이들이 일대다 상황에서 모금에 실패하는 이유는 너무 딱딱하고 공식적인 분위기로 몰아가기 때문입니다. 상상해 보십시오. 어느 공간에 들어가니 책상 위에는 단체 소개서와 애뉴얼 리포트annual report (연차보고서), 리플릿과 기부요청서가 각을 맞춰서 놓여 있고, 앞에는 발표자가 양복을 입고 긴장한 채 서 있고, 빔 프로젝터를 보면서 사업 보고하듯 한다면 그 상황에 감성적으로 집중할 사람은 거의 없습니다.

먼저, 편하게 그들의 공감을 살 수 있는 이야기나 영상으로 시작하는 것이 좋습니다. 아니면 그들의 흥미를 느낄 수 있는 퍼포먼스를 하는 거지요. 우선 주목을 끌면 그다음부터는 진술하게 최선을 다해 얘기합니다. 수혜자의 변화 스토리나 직원들의 고난과 분투 이야기는 사람들에게 감동을 주어 참여를 이끌어 내지요. 일대다로 할 때 적절한 유머는 꽤 큰 역할을 합니다. 금액을 요청할 때도 편안하고 흥겹게 진행하면 좋겠지요. 주변의 분위기를 따라가는 대중심리를 이용해야 하니까요. 그래서 일부러 바람잡이 기부자를 중간에 배치하기도 합니다.

또한 개인화가 중요합니다. '설명은 일대다로 하고, 요청은 일대일로 하라'가 정석입니다. 즉, 전체적인 필요성은 잘 설명하되 요청은 한 명 한 명과 눈 마주치며 부탁을 드리는 것이 좋습니다. 강요는 아니지만 일종의 압박감을 느낄 수 있게 해야 합니다. "오늘 여기 몇 호선 타고 오셨어요? (2호선) 네, 2만 원에 모시겠습니다", "무조건 3만 원 기부해 보세요. (왜요?) 여기에서 멋짐 3등이십니다(1등은 사회자, 2등은 옆 분)" 등, 너무 부담스럽지 않게 유쾌한 분위기를 만들고 기분 좋게 후원 요청서를 쓸 수 있도록 자극하는 것이 중요합니다. 가장 최악은 프레젠테이션으로 설명하고 정중히 요청한 후 후원 신청서 쓰는 동안 두 손 가지런히 앞으로 모으고 옆에서 기다리는 거지요. 모두에게 요청하는 것은 곧 한 명에게도 요청하지 않는 것입니다.

일대다의 상황에서 처음 분위기를 조성하고 이끌어 주는 사람이 누구인지도 중요합니다. 만약 동창회에 가서 제안을 한다면, 갑자기 본인이 일어나 한 말씀 하겠다 하는 것이 바람직할까요? 먼저 동창회장과 사전 조율을 해서 적당한 시점에 동창회장이 운을 떼워 주고 제안자는 마지못해 보충 설명하는 식이 좋습니다. 해당 자리에서 가장 영향력 있는 사람이 권유자나 권유 지원자로 나서게 해야 합니다.

Q 특정인에게 하는 제안과 인터넷 포털 사이트에서의 모금이나 거리 모금처럼 불특정 다수에게 하는 제안에는 어떤 차이가 있나요?

A 기본적인 부분은 같습니다. (앞에서 밝혔듯) 불특정 다수에게 하는 모금이라도 어느 정도 대상자를 정한 후 메시지를 준비해야 하기 때문에 그렇습니다. 가상이지만 우리 사업에 관심을 가질 만한 부류 또는 한 사람을 설정하고 이야기를 풀어 나가야 하기 때문에 그다지 큰 차이는 없다고 봐야 합니다. 그렇게 준비를 하지 않고 '진짜 불특정한 이들'에게 '모두를 위한 제안'을 하려고 하니 내용이 두리뭉실해지는 것이지요. 다만, 불특정 다수를 공략하는 제안에서는 인류애나 휴머니즘 등 보편적 내용을 조금 더 앞세우거나 제안 콘셉트의 양을 조금 더 많이 담습니다. 즉, 필요로 하는 정보량이 조금 더 많습니다. 아무래도 누가 어떤 반응을 보일지 모르는 상황이기 때문에 그렇지요. 그래서 특정 대상자에게 하는 모금을 낚시 전략이라고 하고, 불특정 다수에게 하는 모금을 그물 전략이라고 합니다.

Q 온라인 모금 진행 시 글쓰기가 가장 어렵습니다. 효과 높은 온라인 글쓰기를 하는 방법은 무엇입니까?

A 우선 각 온라인 기부 플랫폼의 특성부터 이해해야 합니다. '같이가치', '해피빈', '스토리 펀딩', '크라우드 펀딩 플랫폼' 등은 서로 같으면서도 조금씩 성격이 다르고, 글과 그림의 배치법도 조금 다릅니다. 우선 어떤 글이나 글의 구조가 '먹히는지'를 먼저 확인할 필요가 있습니다. 예산이 있다면 전문가를 찾아서 그들에게 용역을 맡기는 것도 방법이겠지

만, 그렇지 않다면 가장 잘 쓴 우수 사례를 찾아서 읽어 보고 따라 하는 것이 좋습니다. 많이 읽다 보면 감이 옵니다. 앞에 많이 이야기했지만 나열식으로 설명하지 말고 콘셉트를 잡고 쓰는 버릇을 길러야 합니다. 온라인 독자들은 참을성이 별로 없습니다. 콘텐츠를 빠르게 소비하는 특성을 가지고 있기 때문입니다. 우리 내용 중에 어떤 부분을 강조할까, 기부자라면 어떤 내용에 반응을 보일까, 어떻게 시선을 끌고 끝까지 읽게 할까를 잘 고민한 후에 작성하여야 합니다. 플랫폼의 특성상 줄글 위주의 글은 거의 주목을 받지 못합니다. 사진이나 그래프, 사례 등을 잘 활용해야 하고, 의외로 유머러스한 표현이 들어가 있는 내용에 반응이 큰 온라인의 특성을 활용하여 유머와 감동이 적절히 혼합된 글을 쓰는 훈련을 할 필요가 있습니다. 무엇보다 잘하는 단체들의 글을 많이 읽어 보시기를 권합니다.

Q 제안서는 길게 쓰는 것이 좋은가요? 짧은 것이 좋은가요?

A 제안서에는 정답은 없습니다. 척 하면 알아들을 내용이라면 핵심만을 짧게 정리할 수도 있고, 설명할 내용이 복잡하고 많거나 사례나 스토리, 감성적 콘텐츠를 가미하여 분위기를 조성해야할 필요가 있다면 길어지는 경우도 있습니다. 핵심은 '절대적 길이'가 아니라 대상과 목적에 따라서 다른 '상대적 길이'입니다. 경험상 직위가 높은 이들은 긴 글을 싫어합니다. 반대로 직위가 낮은 이들은 자신들이 충분히 이해하고 윗선에 보고해야 하기 때문에 많은 정보를 원합니다. 제안 대상자에 따라 맞게 준비하면 됩니다. 다만, 경우에 따라서는 페이지 수를 보고 성실성이나 사업의 준비 정도를 평가하기도 합니다. 그래서 이왕이면 본문은 길게 쓰는 것이 좋습니다. 여기서 길다는 것은 쓸데없는 말을 늘려 쓰거나 페이

지 수를 물리적으로 많게 하라는 것이 아니라 각종 사례, 통계, 근거, 스토리 등으로 내용을 풍부하게 하라는 뜻입니다. 대신 길게 쓴 본문을 한눈에 볼 수 있도록 정리한 A4용지 2장 이내(파워포인트 문서일 경우 10장 이내)의 요약 문서를 준비하면 좋습니다. 또한 첨부 문서를 충분히 준비해서, 제안에 얼마나 많은 고민과 노력을 했는지를 보여 줄 필요가 있습니다.

Q 단체 운영비는 상대적으로 모금하기 정말 어렵습니다. 어떻게 해야 하나요?

A 모든 단체들의 공통 고민이겠지요. 어떤 방법을 쓰더라도 운영비는 사업비보다 후순위일 수밖에 없지만, 모금의 원리를 잘 이해한다면 방법이 전혀 없는 것도 아닙니다. 여기서는 총 네 가지의 방법을 말해 보고자 합니다.

첫째, 프레임을 전환시켜야 합니다. 운영비는 마치 공익 활동 분야에서 '필요악'처럼 대우받지만 제대로 된 운영비의 지출은 직접 사업비보다 훨씬 더 큰 공익 효과를 가진다는 것을 강조해야 합니다. 운영비를 통해 우수한 인재를 확보하고 역량을 강화할 수 있으며, 보다 효율적인 시스템을 구축할 수도 있습니다. 그래서 운영비라는 것을 줄여야 할 '비용 cost'으로 보지 말고 적당하게 유지해야 하는 '투자 investment'로 볼 수 있게 심리적 회계 •를 변경시키는 것이 중요합니다. 그래서 명칭 변경이 필요합니다.

• 심리적 회계(*mental accounting*)는 노벨경제학상을 받은 리처드 탈러(Richard H. Thaler) 교수의 이론으로, 일종의 프레임 효과이다. 사람들은 돈, 행동, 일 등 그것이

운영 경비라는 표현보다는 '활동비'나 '지속가능 경비' 등으로 바꿔서 이야기하면 조금 나은 결과를 가져올 수 있습니다.

두 번째, 쪼개서 요청합니다. 운영비를 각각의 항목으로 나누고, 그중에서 이른바 '먹힐 만한' 내용으로 다시 정리하는 것이죠. 예를 들어 운영비 기부라고 하지 말고, '소외 계층 인문학 강좌를 위한 프로젝트 및 노트북 구입', '노인 목욕 서비스 제공을 위한 한 달 수도세', '재단의 투명성 확보를 위한 외부 감사비', '사회에 헌신하겠다고 이제 막 사회생활을 시작한 신입 활동가를 위한 책상 1개' 등으로 나누어서 기부받는 것입니다. 실제 해 보면 같은 '운영비'인데 이렇게 세세한 경비 항목으로 나눠서 요청할 때 훨씬 저항이 적다는 점을 알 수 있습니다.

세 번째, '법'을 활용하면 됩니다. 현행 〈기부금품의 모집 및 사용에 관한 법률〉에 따르면 기부금의 규모에 따라 총기부금의 12~15%를 모집비용으로 충당할 수 있습니다. 물론 이 경비는 직접적으로 모금 활동에 관련한 비용에만 해당하지만, 그래도 기부금의 15%까지 관련 경비로 사용할 수 있다는 사실을 많은 단체에서 모르고 있습니다. 이것은 법으로 정한 것이기 때문에 기부자에게 군이 알릴 필요도 없습니다만, 혹시 있을 민원이나 항의가 걱정된다면 홈페이지나 모금 요청서에 관련 문구를 작게 써 놓으면 됩니다. 모금 제안 과정에서 "법률상으로는 기부금의 15%까지 해당 사업을 위한 일반 경비로 사용할 수 있게 되어있습니다만, 저희 단체는 가급적 수혜자에게 더 많은 이익이 갈 수 있도록 기부금의 10% 이내까지만 일반 경비로 사용할 수 있는 엄격한 규정을 가지고 있습니다"라고 하면 도

무엇이든 주제별로 묶고, 다른 주제면 다르게 취급한다는 이론이다. 이를테면, 같은 1만 원이라도 땀 흘려 번 돈 1만 원과 길에서 주운 돈 1만 원을 다른 것(다른 계정 과목)으로 생각하는 것이다.

리어 신뢰를 높일 수도 있습니다.

셋째, 운영비를 요청합니다. 나라면 절대 사지 않을 제품도 어떤 사람은 구매하지 않습니까? 운영비도 그렇습니다. 단체와 사업을 돕는다고 기부했을 때 그 사용에 대해서는 크게 관여치 않고 전적으로 믿고 맡기는 기부자도 많고, 운영비 기부의 중요성을 얘기 했을 때 필요성에 공감하여 그 부분을 도와주는 기부자도 있습니다. 그러니 너무 눈치 보지 말고 혹시나 있을 고마운 그들을 위해 홈페이지 등에 운영비 기부란을 만들어 놓으십시오. 그리고 왜 운영비가 필요한지에 대해 적극적으로 소통해야 합니다. 이 소통으로 누군가는 손을 잡아 줄 것입니다. 실제 많은 단체들이 '날개 달아 주기' 캠페인이라는 이름으로 모금을 진행하고 있습니다.

넷째, 대안으로 수익사업*을 생각해 볼 수 있습니다. 탄탄한 수익사업이나 큰 규모의 자산 운영에 대한 수익(임대료 등)이나 대형 기금의 이자 수익을 가지고 있는 단체는 운영비 걱정이 덜합니다. 물론 이 수익사업은 모든 단체가 진행할 수 있는 것도 아니고, 도리어 돈 먹는 하마가 될 수도 있지만 비영리의 수익사업이 허용되고 있는 한국에서는 고려해 볼 만한 대안입니다. 일본의 직장여성 보육사업 단체 '플로렌스Florence', 영국의 노숙인 자활 단체 '빅이슈Big Issue', 친환경 재사용 운동 단체 '재단법인 아름다운가게' 등이 대표적입니다.

---

* 국내에서는 비영리 단체도 수익사업이 가능하다. 단체의 지속적 운영과 목적사업의 실현을 위한 수익사업은 허용된다. 다만, 주무관청의 허가 사항(정관)이며, 수익사업의 매출에 대해서는 부가세 납부, 수익에 대해서는 법인세 납부 의무가 있다.

Q 주변에 젊은 자산가가 있는데 이분은 좋은 일을 늘 해 왔고, 항상 많은 단체로부터 제안을 받고 계십니다. 사석에서 뻔한 제안에 대한 피로감을 내비친 적도 있는데 이런 분들은 어떻게 공략해야 할까요?

A 제안을 하지 마세요. 무슨 말씀이냐면 우리가 이미 답을 정해서 "이거 하려고 하니 얼마 필요합니다"라는 일반적 프로세스는 그런 분들에게는 잘 안 통합니다. 그 분이 평소 어떤 꿈이 있는지, 어떤 분야에 관심을 갖고 있는지를 잘 살펴보시고, 오랜 시간 여러 경로를 통해서 우리 단체의 신뢰를 전달하고, 인간적으로 가까워진 후에 이렇게 말씀해 보세요. "말씀하셨듯이, 정말 ○○분야는 문제가 많고 해결이 시급한 것 같습니다. 하지만 백약이 무효이고 지금까지의 어떤 방법도 효과가 없는 듯합니다. 뭔가를 해야 하는데 저희도 솔직히 잘 모르겠습니다. 하지만 누군가는 해야 하기에 저희의 장점을 살려 해결 프로세스를 기획해 보려 합니다. 같이 답을 찾아보지 않으시겠습니까?"라고. '답 제시'가 아닌 '문제와 프로세스 제시'가 의외의 반응을 이끌어 내기도 합니다.

요지는 그들에게 '돈만 내는 기부자'가 아닌 '사회 변화를 위한 공동 참여자' 또는 '문제 해결을 위한 선구적 솔루션 탐색자'로서의 지위를 부여하라는 것입니다. 기부자 주도성이 강해지고 있는 트렌드와 제안 대상자의 특성을 잘 이용하는 것이죠.

실제 굴지의 자산가가 한 단체로부터 위와 유사한 방식의 제안을 받고 수십억 원을 기부 약정한 사례가 있습니다.

Q 모든 기업이나 개인에게 맞춤형 제안을 한다는 것은 참 어렵습니다. 또한 그들에게 줄 수 있는 가치를 그때마다 발굴할 수도 없고요. 대상자별로 다르게 접근해야 한다는 것이 심정적으로 이해는 되지만 실천하기는 어렵습니다.

A 맞습니다. 일반적인 설명형 제안이 아니라서 신경 쓸 것도 많고, 준비할 것도 많으니 어려워 보일 수 있습니다. 하지만 모든 제안을 그렇게 할 수도 없고 그럴 필요도 없습니다. 맞춤형 제안, 가치 제안도 제안의 한 형태일 뿐입니다. 설명형 제안도 잘하면 큰 효과를 볼 수 있습니다. 이 책에서 맞춤형 제안을 강조한 것은 현장에서 그 부분이 특히 부족하기 때문입니다. 최선을 다해서 단체가 하는 일을 설명하고, 진정성을 가지고 대상자를 대하면 성과가 있을 것입니다. 굳이 구차하게 무엇을 달라고 할 필요도 없습니다. 놀랍게도 많은 모금 고수들은 '달라고' 하지 않습니다. 그저 사업의 필요성과 사업에 대한 자신의 꿈을 반복해서 말할 뿐입니다. 그것 역시 제안입니다.

Q 수혜자(다문화가정 아동 등)나 수혜자부모, 복지관 실습생에게 모금을 하려고 할 때 주의할 점이 있나요?

A 모금 윤리상 매우 조심해야 하는 문제입니다. 언쟁의 소지가 되기도 하고, 상급기관에 민원이 들어와 징계를 받은 사례도 있습니다. 이해관계가 있는 사람들에게 모금을 요청하는 것은 가급적 피하면 좋은데, 그 이유는 어떤 식으로든 그들과 권력 관계가 형성되기 때문입니다. 아이를 맡긴 부모가 선생님에게서 결코 자유롭지 못하고, 평가가 걸려 있

는 사회복지사 실습생이 평가자인 센터장에게서 자유롭지 못한 것은 사실입니다. 이런 상황에서 기부 요청을 받으면 거절하기 힘들기에 자발성에 의한 기부가 불가능할 수 있습니다. 더 나아가 직접적이거나 강압적인 요청은 자칫 단체의 불신, 스트레스, 항의, 법적 신고 등으로 이어져 심각한 상황을 야기할 수 있습니다. 그럼에도 불구하고 이들을 대상으로 모금을 진행하고자 한다면 모금의 시기와 방식, 상황의 선택이 중요합니다. 실습생에게는 실습 평가가 끝난 후에 하는 것이 바람직하며, 수혜 아동 부모들에게는 직접 요청이 아닌 센터의 상황에 대한 설명과 프로그램 참여 기회의 제공 등 간접적으로 필요를 강조하는 것이 좋습니다.

Q 한 주류 업체로부터 기부금을 받을 수 있는 기회가 생겼습니다. 내부에서는 '받아야 한다'와 '받으면 안 된다'로 의견이 나뉘어 분란이 크게 생겼습니다. 어찌해야 합니까?

A 모금 윤리에 관한 사항입니다. 모금 윤리는 받는 기부금품이나 기부자를 선택하는 일에서부터 모금 과정에서의 도덕성과 준법성 확보, 기부자에 대한 책무성(책임과 의무) 이행, 올바른 기부금품의 사용에 이르는 모든 내용을 포괄하고 있습니다. 이 중 모금 제안의 과정에서 가장 논란이 되는 부분은 기부금품의 내용과 기부자의 선택입니다. 결론부터 말씀드리자면 이에 대한 답은 존재하지 않습니다. 왜냐하면 '가치'에 관한 내용이기 때문입니다. 가치는 다른 것이지 틀리거나 맞는 것이 아닙니다.

술이나 담배 회사로부터 돈을 받는 것은 그 단체의 가치관에 관한 일이지 그 자체가 불법은 아닙니다. 받아서 좋은 데에 쓰는 것을 더 가치 있게 여기는 단체가 있는 반면, 건강을 해치는 회사의 돈을 받지 않는 것에 더 높은 가치를 부여하는 단체도 있을 수 있습니다. 이 둘은 다른 것입니다. 다만, 여기서 중요한 것은 바로 합의와 일관적 적용입니다. 단체에는 단체의 가치관에 따라 '모금 윤리-기부금품과 기부자 선택에 관한 지침' 등의 규정이 마련되어 있어야 하며 그 내용이 구성원들 모두에게 공유되어 인정받고 일관되게 적용되어야 합니다. 즉, 한 사안에 대해 각 구성원마다 전부 다른 의견을 내서 갑론을박을 하거나 모든 건마다 결정이 왔다 갔다 하면 조직 내 분란이 커지므로 하나의 원칙을 정해 두는 것입니다. 특정 가치관을 정하기 어렵다면 "구성원 중 10% 이상이 강력 반대하는 기부자의 금품은 받지 않는다"라는 식으로 정하여도 됩니다. 핵심은 일관성 있는 적용입니다.

또 하나 고려해야 하는 점은 '파급력'입니다. 이 기부자(기업)에게서 기부금품을 받았을 때 여론이나 기존 기부자들이 어떻게 반응할지를 따져야 합니다. 실제 재벌 기업의 잘못된 행태를 비판해 온 한 단체가 해당 기업으로부터 기부금을 받은 것이 밝혀져, 언론으로부터 호되게 비난받고 기존 기부자의 30% 이상이 기부를 중단했던 사례가 있습니다.

Q 기부를 조건으로 지나치게 무리한 요구를 합니다. 어떻게 해야 하나요?

A 단호함과 지혜가 필요한 부분입니다. 실제 기업들이 홍보 효과를 위해서 단체 홍보대사의 무료 활용, 구성원(자원봉사자, 직원 등) 대상 홍보 또는 영업활동 진행 등 무리한 부탁을 하기도 합니다. 또한 개인 기부자가 부동산을 기부한 후 일정 임대 수익의 보존이나 별도의 리베이

트성 자금 요구, 사실과 다른 금액의 기부금 영수증 발급 등을 요구하는 경우도 있습니다. 모금을 해야 하는 실무자 입장에서는 곤혹스러운 일입니다. 단체 규정이나 법률상으로 문제가 되지 않는 선에서는 상호 이익이 되는 협상을 하면 좋겠지만, 법적으로 문제가 될 수 있는 부분은 어설픈 꼼수를 쓰느니 차라리 깨끗하게 모금을 포기해야 합니다. 어느 영화에서의 대사처럼 '우리가 돈이 없지 가오가 없지'● 않잖아요.

어떤 기업이, 기부의 조건으로 전 지부에 제품 홍보 포스터를 붙여 달라고 요구한 사례가 있었습니다. 이 요구를 무작정 들어주었다가는 이해관계자들에게 비난을 받을 가능성이 컸는데, 담당자가 '기부하고도 욕먹을 수 있다. 제품 홍보는 조금 축소시키고, 공익 캠페인 포스터로 별도 제작하여 진행하자'라고 수정 제안을 하여 기부금도 받고, 비난도 피한 사례가 있습니다. 여기에는 제3의 대안을 찾는 지혜가 담겨 있습니다. 무조건 요구를 수용하여 내외부적으로 문제를 일으키거나 무조건 거절하여 관계 자체를 깨는 것보다 제3의 방안을 제시하는 유연함이 필요합니다.

Q 솔직히 너무 바쁩니다. 한 가지 일만 하는 것도 아니고, 기존 기부자 관리도 있고, 모금을 할 수 있는 시간이 절대적으로 부족합니다.

A 그렇죠. 안타까운 현실입니다. 전담 모금가를 두고 있는 소수의 단체를 제외한다면 거의 모든 단체의 모금 실무자는 몇 가지 일

● 영화 〈베테랑〉(2015)에서 강력계 형사 서도철(황정민 역)의 대사이다. '가오'는 겉으로 드러내는 멋이나 형태를 일컫는 '폼'을 속되게 이르는 말로(출처: 고려대 한국어대사전, '가오'), 비속어이지만 영화 속 대사이므로 그대로 썼다.

을 병행합니다. 그래서 가뜩이나 바쁜데, 하필 모금은 그 과업 특성상 성과를 내야 하는 스트레스가 높은 업무이다 보니 우선순위에서 밀리기 일쑤입니다. 하지만 모금은 '그래서' 안 하는 것이 아니라 '그럼에도 불구하고' 해야 하는 것입니다. 모금은 저축과 유사하죠. 원래 저축은 남은 돈으로 하는 것이 아니고, 먼저 저축을 하고 남은 돈으로 생활하는 거잖아요. 부담스럽겠지만 먼저 모금을 하고 남은 시간에 다른 업무를 해야 합니다. 그렇게 하지 않으면 평생 못하는 것이 모금입니다. 그래서 구성원들 간의 합의가 필요하고, 업무시간을 효율적으로 배분할 수 있어야 합니다. 1년 365일 모금할 수 없다면, 모금 집중 월, 집중 주, 집중 요일 등을 정해서 활용하면 도움이 됩니다. 모금 계획이나 활동을 매주 회의시간에 논의하고 결의를 다지는 것도 의미가 있습니다. 세상에는 두 부류 모금 실무자가 있습니다. 바쁘다는 핑계를 대면서 모금을 안 하는 실무자와 바빠도 모금 먼저 할 방법을 찾는 실무자. 여러분은 어느 쪽이신가요?

Q 노숙인을 돕는 일을 주로 하는 사회적기업인데 모금이 가능한가요?

A 법인격이 무엇이냐에 따라 다릅니다. (예비) 사회적기업은 〈사회적기업육성법〉에 의거하여 고용노동부 또는 지자체, 정부에서 별도로 인증받은 조직입니다. 상법상 회사(주식회사, 합자회사, 합명회사, 유한회사 등)와 민법상 법인(비영리 사단법인, 비영리 재단법인), 단체(비영리 민간단체), 조합(협동조합, 영농조합 등)이 사회적기업으로 인증받을 수 있습니다. 모금이 가능한지는 사회적기업 인증 여부와 상관없이 조직이 가진 원래 법인격의 종류와 기부금단체 지정 여부에 달려 있습니다. 상법상 회

사는 전부 모금이 불가능합니다. 비영리 법인과 비영리 민간단체는 기획재정부에서 지정기부금 단체나 기부금대상 민간단체로 지정되면 가능합니다. 영리 법인격인 일반 협동조합은 불가능하며, 비영리 법인격인 사회적 협동조합 역시 기부금단체 지정을 거쳐 모금이 가능합니다.

기업 담당자가 말하는
좋은 제안과 좋은 제안서

많은 단체들이 기업에게서 기부 받는 법을 알려 달라 한다. 그때마다 해주는 조언은 "그들을 만나 보라"이다. 그들이 구름 위에 살거나 다른 차원의 사람들이 아닐진대 못 만날 이유가 없다.

과연 그들은 모금 제안과 제안서에 대해 어떤 생각을 가지고 있을까. 현업에서 기부자와 사회공헌 컨설팅의 고객으로 만난 그들은 평범한 '사람'이었다. 그들 역시 일을 잘하고 싶어 했고, 좋은 사회공헌 파트너를 만나서 의미 있는 사회 변화를 만드는 꿈을 꾸고 있었다. 또한 승진이나 조직 내 위치 상승 등 현실적 희망도 가지고 있었고, 윗분들의 눈치를 보는 직장인이었다. 그런 그들이 말하는 좋은 제안과 제안서란 무엇일까. 그들의 말 속에 제안의 정답이 들어 있다.

각 기업마다 사회공헌CSR 활동의 방향과 조직문화가 다르다. 기부에 대한 의사결정 체계와 선호 역시 다르지만 큰 틀에서 보면 일부 유사성도 있다. 다음 세 개 기업 CSR 담당자들의 이야기를 통해 그 부분을 확인하고 실무에 응용했으면 하는 바람이다.

은행 CSR 담당자

- 기업 입장에서는 사회적으로 긍정적 평판을 얻고, 고객의 신뢰 획득에 기여하고, 영업성과에 도움을 받기 위해서 CSR 활동을 한다.
- 기업의 경영철학이나 핵심역량과 연계되고, 부합되는 사업을 전략적으로 선정한다. 창의적 생각으로 세상을 이롭게 하고, 회사가 같이 성장해야 한다고 생각한다. 기업의 핵심역량을 이용하여 사회적 가치를 극대화할 수 있다면 기꺼이 참여할 의사가 있다. 단순히 도와주고 말거나 얼마를 도왔다고 뽐내는 것이 아니라 우리 역시 진정한 변화impact를 원한다.
- 해당 회사의 CSR 특성에 맞추고, 다른 제안과 차별화된 점을 어필하면 좋다.
- 통섭과 융합이 대세이다. 다중 효과를 낼 수 있는 아이템이나 구조이면 좋다. 아쉬운 점은 비영리 단체들이 이런 부분에 아직 준비가 덜 되어 있다는 점이다.
- 고객이 주인공으로 참여할 수 있는 것이면 진행하기 쉽다.
- 기업이니까 CEO의 의지가 가장 중요하다. 또한 CSR 담당자(부서)만 관련되어 있지 않다. 다른 내부 이해관계자와 관계 부서가 있다. 이들을 설득할 수 있는 제안이면 좋다.
- 아무래도 기업이다 보니 홍보라는 관점을 무시할 수 없다. 방송사가 참여할 수 있는 제안, SNS로 확산이 가능한 제안, 브랜드 홍보 효과와 연동되는 제안, 신문에 기사화되기 좋은 제안이면 받아들이기 쉽다.
- 우선 어떤 프로그램을 원하는지 우리에게 묻고 제안을 했으면 한다. 본인들이 전부 정한 후에 돈만 달라는 제안에는 흥미가 별로 없다.
- 적어도 해당 분야에 대해서는 기업에게 최고의 컨설팅을 해 줄 정도의

정보와 식견을 가지고 있어야 한다. 가끔 기업의 담당자보다 더 모르는 실무자들을 보게 된다.

- 사업 후 보고도 중요하다. 구체적 성과를 다양한 각도로 분석해 보고하면 그 단체에 대한 신뢰도가 올라간다. 당연히 다음 제안을 받아들이기 쉽다.

자동차회사 CSR 담당자

- 우선 단체 자체의 철학을 잘 정립하고 역량을 확보할 필요가 있다. 가장 좋은 제안은 단체가 내는 것이 아닌 우리가 그들에게 내는 것이라고 본다. 즉, 기업이 찾아오는 단체를 만들어라. 실제 업무를 할 때도 우리 역시 늘 신뢰가 가고, 잘하는 단체가 어디인지 조사하고, 찾고, 제안한다.
- 사회공헌 담당자들도 나름 공익 활동에 대한 꿈이 있다. '내가 찾던' 제안을 해주면 더없이 고맙다.
- 〈대장금〉의 주인공이 각자의 취향과 상황에 맞는 맞춤형 밥을 짓는 것처럼 해당 기업에게 맞춤형 제안을 할 수 있으면 좋다. 또한 해당 기업이 구상만 하고 있을 뿐 진행하지 못하는 부분을 찾아서 채워 준다는 마음으로 접근하면 성공 확률이 올라갈 것이다.
- 기업의 사회공헌 담당자 눈높이에 맞춘 제안을 해야 한다. 당장 성과를 원하는 담당자에게 5년짜리 장기 프로젝트는 눈에 들어오지 않는다. 그 반대도 마찬가지이다.
- 해당 기업과 사업, 제품의 특징에 맞춰서 제안을 할 수 있어야 한다.
- 단순한 지원보다는 장기적이고 밀접한 파트너십을 중요하게 생각한다. 자주 바뀌면 우리도 피곤하다.

- 다양한 이해관계자들이 연계된 파트너십이 훨씬 더 큰 변화를 가져올 수 있다고 본다. 특히, 사업적 이해관계자(협력업체, 관공서, 고객 등)가 참여할 수 있으면 더욱 좋다.
- 사회적 파급력이 큰 사업이 매력적이다. 매체들이 찾아와서 취재를 하는 사회공헌 프로그램이 된다면 가장 훌륭하다. 그러려면 사회적인 이슈성이 강하거나 변화의 내용이 참신하거나 커야 한다.
- 담당자 역시 직장인이고 평범한 일반인이다. 그들과 인간적 교류를 진심으로 하려고 해라. 그들 역시 감동할 수 있는 촉수를 가졌다. 그것을 건드릴 수 있다면 성공할 것이다.

정유회사 CSR 담당자

- 우리 기업은 수혜자에게 직접적으로 주는 방식을 선호한다. 변화가 크더라도 당장 그 돈이 수혜자에게 쓰이지 못하는 사업에는 경영진의 관심이 덜하다. 시스템을 바꾸거나 장기적 효과를 원하는 기업도 있겠지만 우리는 아니다.
- 기업이 추진하고 있는 사회공헌 전략과 동일 선상에 있는 것을 제안해 달라.
- 기업의 특성을 잘 분석해라. 외국에서 일반 소비자 대상 사업을 하지 않는 기업에게 '현지 기업 이미지 제고'를 위한 국제모금을 제안해 봤자 소용없다. 외국에 진출했거나 진출할 기업 중에 '공익 실적'이나 '현지 고객들과의 관계 형성', '기업 브랜드 전략' 등의 목적을 가진 곳이면 가능할 것이다.
- 기업의 규모에 맞게 제안하라. 삼성전자 본사 사회공헌팀에 몇 백만 원짜리 사회공헌 프로그램을 가지고 가는 것은 난센스다.

- 단체는 이미지가 중요하다. 기업은 그 단체의 이미지와 명성을 사는 것이다. 잘 관리해야 한다.
- 기업명이 매체에 노출되는 것을 좋아하지, 프로그램 자체나 단체가 유명해지는 사업은 우리에게 그다지 매력적이지 않다. 내부적으로 경영진에게 자랑할 수는 있겠지만 홍보 효과에 꽂힌 분께는 핀잔을 들을 수도 있다.
- 기업이 화수분은 아니다. 가용할 만한 예산 범위가 있다. 그 안에서 요청하면 좋다.
- 사후 보고와 관리는 매우 중요하다. 단체에 대한 신뢰는 재기부의 중요한 요소다. 관련 영수증을 천 원짜리까지 전부 보고하는 단체가 있었는데, 참 다르게 보이더라.
- 기업의 예산 결정 시기(대략 8~9월)를 고려해서 제안해 달라. 우선 다음 연도 사업계획에 넣어 예산을 배정받는다면 수월하다.
- 기업의 의사결정구조와 절차, 기간을 고려해 달라. 담당자(대리나 과장)가 받아서 부장-상무-부사장-사장을 거치는, 매우 복잡하고 어려우며 시간이 걸리는 과정이 필요하다. 어떤 때는 이사회 결의까지도 필요하다. 그런 것들을 무시하고 매달려서는 안 된다.
- 기업의 지배구조 특성을 알고 진행해라. 사장이 오너이면 사장만 결심하면 된다. 하지만 사장이 전문경영인일 경우 사장 혼자 결정할 수 없는 경우가 있다.

기업 사회공헌 담당자들이 말하는 제안서와 제안자

NO

- 다른 기업에도 여기저기 제안했을 '붕어빵' 제안서
- 무엇을 하겠다는 것인지 도무지 알 수 없는 제안서
- 현란한 도표와 사진, 그림은 많은데 제안 내용은 단순한 제안서
- 사업과 단체 소개만 있는 제안서(소개서)
- 차별점이 없는 제안서
- 기업과 연관성이 전혀 없는 제안서
- 예의가 없는 제안서(다른 기업 로고나 홍보 문구가 들어 있는 제안서)
- 자신들만의 언어를 많이 사용한 제안서
- 제안 상황과 어울리지 않는 제안서(10분 면담인데 120페이지)
- 기업에서 쓰지 않는 워드프로세서로 작성된 제안서
- 무엇을 요청하는지가 구체적이지 않은 제안서

- 무조건 윗선만 상대하려는 제안자
- 도덕적 우월성을 드러내며 설교하듯 하는 제안자
- 급이 맞지 않는 제안자와 1인 제안자
- 밑도 끝도 없이 읍소하는 제안자

YES

- 제안의 내용 자체가 훌륭한 제안서
- 기업에 대해 조사를 많이 해 맞춤 요청을 하려고 애쓴 흔적이 있는 제안서
- 조사, 연구 등 고민해서 쓴 성실한 제안서
- 의사결정권자들이 선택하여 내려 준 제안서
- 이미 사전 미팅으로 관계가 있는 사람이 준 제안서
- 기업의 성향과 의도에 맞는 제안서
- 기업의 특성, 방향성 등을 고려하여 기업의 고민을 해결해 주는 제안서
- 깔끔하고 세련된 제안서
- 제안의 요령을 아는 제안서
- 쓴 사람이 궁금해지는 제안서(뭘 좀 아는 능력자가 쓴 것 같은 제안서)
- 읽어 보면 해당 분야 전문지식을 배울 수 있는 제안서
- 담당자가 상사에게 칭찬받을 만한 제안서
- 경쟁사의 제안을 이길 수 있는 제안서

- 담당자의 고민과 요구를 이해하는 제안자
- 당당하지만 겸손한 제안자
- 비즈니스 매너를 아는 제안자
- 그 분야에서 주도권과 영향력을 가진 제안자

모금 업무 서식 목록 및 배포처

자료 다운로드 사이트

- 아름다운재단 기부문화연구소

  https：//nanumbooks. beautifulfund. org/nanumbooks/12997/

  ：목차 중〔모금 업무 서식 다운로드〕클릭

  (위 링크가 제대로 열리지 않을 경우 research＠beautifulfund. org로
  문의 바랍니다.)

- 가치혼합경영연구소

  https：//tala. modoo. at/?link=2e7ye09b：별책 부록 다운로드

서식1 모금 캠페인 기획 프레임워크

서식2 모금 목표 설정 워크시트

서식3 모금 대상자 설정 워크시트

서식4 모금 대상자(개인) 조사 및 분석 시트

서식5 모금 대상자(기업, 법인) 조사 및 분석 시트

서식6 모금 대상자 리스트(개인 인맥) 시트

서식7 모금 대상자 리스트(지역사회) 시트

서식8 모금 대상자 기부 행동 분석 및 제안 예측 시트

서식9 모금 대상자 사전 면담 보고서 시트

서식10 모금 제안 항목(요청사항) 리스트 시트

서식11 단체 소개 및 어필 포인트 탐색 시트

서식12 제안 대상자별 분야, 단체, 사업 소개문 작성 시트

서식13 단체의 차별점 발굴 및 작성 시트

서식14 모금 관련 변화의 숫자들 기입 시트

서식15 사업 소개 및 어필 포인트 탐색 시트

서식16 사업과 관련한 이슈와 트렌드 발굴 시트

서식17 제안 관련 스토리텔링 소재 발굴 시트

서식18 제안 콘셉트와 메시지 작성 및 평가 시트

서식19 모금 상품 및 모금 브랜드 개발 시트

서식20 기부저항 및 대응 방안 작성 시트

서식21 제안 전략과 제안 준비 진행 계획 시트

서식22 제안 경험 축적과 자산화 계획 시트

서식23 제안 후 기부자 예우 및 관리 방안 시트

서식24 제안 활동 및 모금 성과 관리 시트

서식25 모금 프로젝트 기안 품의서 양식

서식26 모금 프로젝트 정산 품의서 양식

성공하는 모금 제안을 위한
마지막 기술

누명을 쓴 은행원의 감옥 탈출기를 그린 오래된 명작 〈쇼생크 탈출〉에는 이런 내용이 있다. 수감된 주인공이 감옥 내 이름뿐인 도서관을 번듯하게 만들고 싶어 주 정부에 지원을 요청하는 편지를 보낸다. 하지만 아무런 답장이 없고 교도관과 동료 죄수들의 비웃음을 산다. 하지만 주인공은 아랑곳하지 않고 매주 꼬박꼬박 편지를 쓴다. 매주 오는 편지가 귀찮아서였는지 드디어 6년 만에 주 정부에서 소액의 지원금과 헌책을 보내온다. 이것만 해도 기적 같은 일이라고 동료 죄수들은 축하해 주지만 주인공이 원하는 것은 번듯한 도서관이었다. 그래서 주인공은 다시 매주 2통씩 편지를 쓴다. 또 수년이 지난 후 주 정부는 '제발 이제 편지는 그만 보내라'는 답장과 함께 도서관 설비비용과 운영비를 보내온다.

인디언의 언어에는 '실패'라는 단어가 없다고 하고, 기우제를 지내는 주술사는 한 번도 실패한 적이 없다고 한다. 비가 올 때까지 하면 되기 때문에 실패가 없다는 것이다. 이번 제안이 실패했는가? 거절한 상대에게 이유를 묻고, 고쳐서 다시 제안하라. 그리고 반복하라. 어떤 때는 시간의 흐름 자체가 가능성이다. 관공서나 기업에 제안할 경우, 몇 번을 해도 제안을 받아들이지 않다가 어느 틈엔가 담당자가 바뀌어 새로 온 담당자가 제안을 받아 줄 때도 있다. 중간에 포기했다면 잡을 수 없었던 행운이다. 삼고초려 정신이 필요하다.

영업의 달인으로 불리는 장평순 교원그룹 회장의 '100℃론'을 잠시 인용해 보자.

신입사원 시절 99번을 찾아가도 거절하던 곳이 100번째 가니까 사 주더라고요. 99번 찾아가서 포기했으면 그 99번은 모두 버리는 거죠. 증기기관차가 가는 것도 마찬가지잖아요. 섭씨 99도에서 100도를 넘어가야 움직이지요. 목표를 세우고 끈기를 갖고 끝까지 하는 것이 성공의 비결입니다.

가끔 '해 보아도 안되더라' 하는 푸념을 하며 제안에 흥미를 잃고 중단하는 경우를 많이 본다. 하지만 그들의 '해 보아도'는 10번을 넘지 못한다. 고작 10여 회의 제안도 안 하고 안된다고 그냥 결론지어 버리고 포기한다. 제안이라는 개념이 워낙 범위가 넓기 때문에 딱 잘라 통계를 내기는 어렵지만, 영리 기업의 영업사원 실적이나 잘 알려진 모금 전문가의 경험을 빌려 보면 노련한 모금가일지라도 제안에 성공하는 비율은 30%가 넘지 않는다고 한다. 열 번 제안하면 겨우 두세 번 성공하는 셈이다. 프로들이 이 정도면 초보자나 아마추어의 경우 열 번에 한 번이면 제법 잘했다고 할 수 있지 않을까?

안돼서 포기하는 것이 아니라 포기해서 안되는 것이라는 말도 있다.

아무리 많이 배우고 오랜 경험을 가진 사람이라도 모금은 늘 어렵다. 하물며 경험이 일천하면 어떻게 해야 할지 모르고, 해 봐도 안되니 좌절감만 커지고, 남들은 척척 해내는 것 같아서 열등감까지 느낄 수 있겠지만

이 모든 감정을 거쳐 가야 영광도 있는 것이다. 제안은 참 흥미로운 일이다. 정답이 없는 대신 오답도 없다. 그래서 어떻게 준비하고 이끌어 가느냐에 따라 0이 100이 되기도 하고, 100이 0이 되기도 한다. 그래서 해 볼 만하다.

모금을 하는 사람으로 이것만은 기억해 두자.

1 모금은 공익 활동에 꼭 필요한 동력을 모으는 것이다.
2 모금은 나를 위해서 부탁하는 것이 아닌, 숭고한 공익 참여의 기회를 주는 것이다. 모금은 받는 것이 아닌 주는 것이다.
3 모금의 성공 공식 1번은 '요청하라'이다.
4 모금 제안에서 가장 중요한 것은 대상자이다. 제안의 모든 것이 대상자에 따라 바뀌어야 한다.
5 모금은 제안서를 잘 쓰는 것만 중요하지 않다. 외적인 요소도 잘 준비하자.
6 모금은 끝까지 하는 것이다. 실패해도 그냥 계속해야 한다.
7 모금은 요청하는 것까지가 내 인생이고, 기부할지 말지는 그 사람의 인생이다. 모금의 성공 여부는 사실 내가 통제할 수 있는 범위 밖이다.

큰 기업이나 공장이 별로 없는 전주시에서, 한 작은 사회복지관의 30대 과장이 지역 내 기업들을 상대로 한 활동에서 3년간 36억 원의 재원 확보에 성공한 것은, 그 지역 다른 모금가들이 입버릇처럼 말하던 "우리 지역은 기업이 없어요"라는 핑계를 통쾌하게 깨부순 사례이다. 방법을 찾다 보면 길이 있고, 하려고 애쓰면 답이 보인다. 그래서 이런 이야기도 있지 않은가? "긍정적인 사람은 한계가 없고, 부정적인 사람은 한 게 없다."

물론 모금을 둘러싼 환경은 전부 힘든 상황이고, 남의 돈을 구하는 작업은 애초부터 어려운 일이다. 하지만 '그럼에도 불구하고' 힘을 내야 하는 이유는, 우리가 모으는 돈이 우리를 위한 것이 아닌 남을 위한 돈이기 때문이다.

지금 이 순간에도 사회 변화, 수혜자 삶의 질 향상, 단체의 독립성 확보 등을 위해 애쓰는 이 땅의 모든 모금 담당자들에게 조금이나마 이 책이 도움이 되었길 바란다. 여러분들 덕에 세상이 아직 이만하다. 참으로 감사하다.

밝은별 김재춘

자료 출처

제안서 또는 자료의 인용을 허락해 주신 단체 및 작성자분께 감사드립니다.

아름다운가게
- 폐카트리지 기증 캠페인 협찬 제안서
- 평택시 매장 공간 기증 제안서
- 사노피-아벤티스 매장 마련 자금 기부 제안서
- 수배송 트럭 기증 제안서

월드비전
- 해외 교육 사업 후원 제안서
- 해외 여성 보건/영양 사업 후원 제안서

자비신행회
- 공동가치창출 협력 제안서

환경재단
- 아시아 태양광 전등 지원 캠페인 제안서

세이브더칠드런
- 여아 학교보내기 캠페인 'School me' 제안서

로터스월드
- 라오스 덕캄 주민의 소득 증대를 위한 기업 후원 제안서

밀알노인요양원
- 치매 노인 후원 리플릿

소셜벤처 마음피트니스
- 마음피트니스 사업 제안서

공생복지재단
- 기관 소개서

사회적기업 에이 컴퍼니
• '영화관 옆 미술관' CGV 사회공헌 제안서

사회적기업 공공공간
• Fabric Maker's Space ( ) Factory 소개서

사회적기업 맑고고운숲
• 회사 소개서

케어코드
• 찾아가는 노인돌봄 O2O 서비스 '두룸' 제안서

행복공학재단
• 2010 블루리본 사업 계획서

정가악회
• BOSE 아시아 뮤직 프로젝트 제안서

서귀포장애인복지관
• 희망꿈통 후원 신청서

사회적기업 디스에이블드
• 디스에이블드 사업 소개서

한국어린이안전재단
• 마음건강센터 '소울자리' 사업 계획서

출처 미상
• 장기 기증 스토리텔링 제안서

이 외 로타리클럽, 티타임즈, 굿네이버스, EBS 다큐프라임, 서울시 교육청, 아름다운재단, 희망제작소 모금전문가학교, 독일인권보호협회, 영국 피프틴-제이미 올리버, 서울대학교 경영대학(원), 현대중공업, 한국조폐공사, 로빈후드 재단, 코믹릴리프, 유니세프, 관광두레, 나눔티켓 추진 사무국, 캔파운데이션, Santillana Publishing Group에서도 도움을 주셨습니다. 감사합니다.